EL SEXO DE LA NOTICIA

MARTA BACH ARÚS, ELVIRA ALTÉS RUFIAS,
JOANA GALLEGO AYALA, MARTA PLUJÀ CALDERÓN,
MONTSERRAT PUIG MOLLET

EL SEXO DE LA NOTICIA

REFLEXIONES SOBRE EL GÉNERO EN LA INFORMACIÓN Y RECOMENDACIONES DE ESTILO

Icaria ✣ Ακαδημεια
SOCIEDAD Y OPINIÓN

La presente obra ha sido editada con la ayuda del Instituto de la Mujer
(Ministerio de Trabajo y Asuntos Sociales)

Título original del libro: El sexo de la noticia

Diseño de la colección: Laia Olivares

Traducción: Pilar Remírez de la Encina

© Marta Bach, Elvira Altés, Joana Gallego, Marta Plujà y Motserrat Puig
© de esta edición
  Icaria editorial, s.a.
  Ausiàs Marc, 16, 3.º 2.ª / 08010 Barcelona
  e-mail:icariaep@terrabit.ictnet.es

Primera edición: diciembre 2000

ISBN: 84-7426-506-1
Depósito legal: B-50.743-2000

Impreso por Romanyà/Valls, S.A.
Verdaguer 1, Capellades (Barcelona)

Todos los libros de la colección Antrazyt están impresos en papel reciclado

ÍNDICE

PRESENTACIÓN

Montserrat Minobis Puntonet[*]

Una herramienta periodística útil

Tenéis en las manos un libro que pretende ser una herramienta útil para todas y todos. Desde sus inicios, la Asociación de Mujeres Periodistas de Catalunya (Associació de Dones Periodistes de Catalunya —ADPC) ha intentado, por medio de sus diversas actividades, captar la atención sobre lo que justamente trata este libro: la presencia y ausencia de las mujeres en los medios de comunicación. Y de lo que todavía es más importante: sobre el desconcierto que hay en la profesión periodística sobre las cuestiones de género.

Los diversos estudios hechos hasta ahora por nuestra Asociación han palpado la enorme desigualdad existente sobre ello, y sobre todo, la ausencia de unas reflexiones, que al mismo tiempo que ayuden a quien redacte cualquier texto, tengan en cuenta toda la serie de cambios en el lenguaje y en la sociedad, que el proceso de participación de las mujeres en el mundo profesional y laboral ha comportado y que no se reflejan de una manera igualitaria y justa, tal como están definidos en la Constitución española, los Estatutos autonómicos y la Convención de los Derechos Humanos.

---

[*] Presidenta de l'Associació de Dones Periodistes de Catalunya

Para evitar, así, estilos y normas que ya pueden considerarse obsoletas, la Diputación de Barcelona, por medio de la Oficina Técnica del Plan de Igualdad y nuestra Asociación unificaron esfuerzos para editar este libro en lengua catalana. Tiempo después, nuestra Asociación ha contado con el apoyo del Instituto de la Mujer y de la editorial Icaria para publicar *El sexo de la noticia* en lengua castellana y así poder poner a vuestra disposición una herramienta de trabajo que ayude a incorporar la perspectiva de género, y rompa con la inercia de tratar con desigualdad a las mujeres cuando son objeto y sujeto de la información periodística.

A todas las personas que tenéis este libro entre vuestras manos os deseo que le saquéis el máximo provecho. Buena lectura y, sobre todo, acertada aplicación de la perspectiva de género.

INTRODUCCIÓN:
LAS INTENCIONES DE ESTE LIBRO

Somos conscientes de la dificultad que conlleva dar una explicación convincente sobre la necesidad de un libro como éste. Sabemos que incluso habrá personas que lo puedan descalificar de antemano, sin querer entrar en más discusiones. Es posible que otras nos califiquen de hipersensibles, de dar demasiadas vueltas, de buscar tres pies al gato, o de ser simplemente obsesivas y exageradas. Quizás otras se lo tomen con suficiencia y desdeñen nuestras propuestas por considerarlas poco prácticas o antiperiodísticas y hasta habrá quien encuentre contradicciones entre nuestras teorías y las soluciones tomadas en la práctica. Asumimos estos retos y contradicciones y os adelantamos con honestidad que «no os queremos salvar», que no queremos ser las «buenas» de la película. Somos parte de esta sociedad y compartimos el substrato cultural común de toda la población.

Pero a pesar de todas las críticas que pueda despertar este libro, y a pesar de las dificultades que hemos encontrado en la redacción de cada frase y de cada párrafo para ser consecuentes con nuestras propuestas, creemos que ha valido la pena hacer este esfuerzo. Y lo pensamos porque, a pesar de todos los problemas, creemos en la posibilidad del cambio, también en el plano lingüístico y ideológico. Si los cambios no fueran posibles todavía viviríamos como en la Edad Media, y para bien o para mal, ahora vivimos, hablamos y escribimos, como dirían en la televisión, ni peor ni mejor, diferente.

Somos igualmente conscientes de la dificultad de aplicar las propuestas que planteamos. De igual forma, estamos convencidas que aunque estas propuestas no puedan ser de inmediata aplicación en los medios de comunicación es importante plantearse una serie de cuestiones que ni tan sólo nosotras como autoras de este texto percibimos, pero recogemos la queja que puede detectarse en cualquier encuentro, charla, seminario, conferencia, etc., en los que se habla de los medios de comunicación: siempre se pone de manifiesto el parecer unánime de que éstos van muy por detrás en los avances conseguidos por las mujeres en nuestra sociedad, y que a las mujeres se las trata con estereotipos caducos y anacrónicos impropios de principios del siglo XXI.

Sabemos también que las posibilidades de cambio en el contenido de los *media* no son un asunto individual de cada profesional. Los *media* son poderosas instituciones insertadas en un contexto social, político y económico determinado y, por tanto, resultaría pueril e ingenuo no tener en cuenta las limitadas, en la mayoría de los casos, posibilidades de acción de cada periodista en particular.

Como una organización social compleja, existen diferentes fases y funciones en las que están implicadas de una manera diversa la larga cadena de personas que hacen posible la producción del mensaje periodístico y se dan unas condiciones laborales, unos horarios, una distribución del tiempo y el espacio, unos hábitos, unos valores y unas creencias, unos formatos, unas convenciones etc. que condicionan el contexto en que opera la profesión periodística. Pero si observamos cómo cada profesional aporta su grano de arena, seguramente podremos ver cómo cada persona tiene su cuota de responsabilidad en lo que hace.

En la labor informativa se pueden distinguir tres fases: pretextual, textual y supratextual (Francesc Burguet, 1998). Algunas de las reflexiones que hacemos tienen que ver con la fase pretextual, y por tanto afectarían a la política informativa de cada medio, a la tradición donde se ubica, y a los elementos sociopolíticos en general. Otras reflexiones en cambio, afectarían a la fase textual, es decir al momento en que cada periodista elige, entre muchos posibles, los elementos lingüísticos y gramaticales que conformarán su pieza periodística. Y otras reflexiones afectarían a la fase supratextual, subsidiaria de la fase pretextual, posterior a la redacción —inclusión de fotografía o no, ubicación, importancia otorgada a cada texto, etc. — que también superarían la capacidad de acción de cada periodista en particular.

Por tanto, estas reflexiones que hacemos, que no aspiran a constituir un tratado sobre teoría periodística, quieren sobre todo incidir en el punto débil. Llamar la atención sobre un problema que no es fácil de resolver, pero que existe.

Espíritu de estas reflexiones

¿ Para quién hemos pensado este texto sobre género e información?

- Para periodistas conscientes de su responsabilidad profesional que no se conforman con la primera palabra que les viene a la mente.
- Para profesionales de la comunicación que saben que los géneros reciben un tratamiento asimétrico, pero no saben cómo evitarlo.
- Para las personas profesionales del medio que van tan espiritadas que nunca se han parado a pensar que las cosas pueden ser de una manera distinta.
- Para aquellas profesionales de la información que no consideran importante el tema de género o que no pueden ponerlo en práctica por imperativos de la producción informativa.
- Para las personas que ocupan cargos de dirección en los medios de comunicación, para que piensen que la audiencia no está formada sólo por hombres y que son muchas las mujeres que no se sienten reflejadas en sus contenidos.
- Para quienes planifican los medios de comunicación, para que consideren que las cuestiones de género no son un capricho, sino que configuran una nueva panorámica social, además de una auténtica demanda de audiencia, que puede hacer cambiar las cuotas de mercado.
- Para todas las redactoras y redactores de medios de comunicación que más de una vez se han tenido que pelear con las palabras para poder cuadrar un titular.

- Para profesionales del mundo de la edición y la corrección que quieran tener en cuenta, en el ejercicio de su trabajo, la perspectiva de género.

Como creemos que el avance social no se puede imponer, no queremos dictar normas imposibles, ni proponer actuaciones descabelladas. Los cambios se producen poco a poco, pero alguien debe dar el salto, de tanto en tanto, incidiendo con nuevas propuestas, denunciando las limitaciones, investigando, haciendo estudios, hablando, intercambiando, saliéndose de lo establecido...

Ésta es la idea que nos anima. Hacer reflexionar sobre las limitaciones de la lengua, la rigidez de las rutinas profesionales, la esterilidad de las inercias establecidas. Queremos que cada profesional de la comunicación sepa que las cosas no siempre han de permanecer así e igual, sino que pueden cambiar y mejorar y que todos podemos ser sujetos de este cambio.

I. LOS MEDIOS DE COMUNICACIÓN: LA PLAZA PÚBLICA DE LA ALDEA GLOBAL

No descubrimos nada nuevo al decir que los medios de comunicación configuran, hoy por hoy, el nuevo foro de discusión pública y un espacio privilegiado donde se dilucidan los temas que afectan, de una manera o de otra, a la ciudadanía en general. La incidencia real del contenido de los medios de comunicación en nuestras vidas cotidianas está todavía por determinar.

No se trata de ser apocalípticas, sino de constatar una realidad. Los medios de comunicación sirven para informar y para entretener, para paliar la soledad, para debatir ideas o para compartir emociones. Siendo tan importante el impacto que estos tienen sobre nuestras vidas, no es gratuito pensar que también conforman parte de nuestra percepción de la realidad, de cómo vemos el mundo, de cómo nos vemos a nosotros mismos y a los demás.

Por esto nos preocupa la manera cómo los medios de comunicación presentan y hablan de las mujeres. La imagen social de las personas se configura desde ámbitos muy diversos de la actividad humana: la educación, la familia, la diversión, el pensamiento, la religión, el arte, la ciencia... y los medios de comunicación. Los medios —como otras parcelas del conocimiento humano— son construcciones que recogen los cambios que se producen para incorporarlos a la sociedad, haciendo, al mismo tiempo, nuevas propuestas de comportamiento social, que a su vez pueden incidir en la sociedad, y así sucesivamente. Por tanto, pueden ser sensibles a los cambios, propiciando unas imágenes nuevas, no estereotipadas, de los seres humanos.

La clase periodística suele creer que únicamente es la intermediaria entre los hechos y la audiencia; que actúa como notario de la realidad. Y no suele pensar que la realidad no es una cuestión objetiva ajena a nosotro/as, sino que la realidad la construimos día a día, con nuestras percepciones subjetivas, como personas únicas con una subjetividad individual y colectiva.

Por esta razón, creemos importante que existan reflexiones como las que proponemos en este libro. Porque todas las personas que tienen en algún momento la responsabilidad de transmitir al público hechos o pensamientos, explicaciones de acontecimientos simples o complejos y que conforman el discurso periodístico, piensen que también están colaborando en la reproducción de la realidad. Para que sepan que también ellos y ellas son responsables de las imágenes que transmiten, de los contenidos que elaboran, de las lecturas diversas que pueden hacerse de todo lo que nos rodea. Y que la elección de un titular, la ilustración con la que se acompaña un texto, la elección de una palabra, el adjetivo utilizado en la descripción y calificativo de una persona, la manera como se habla de quien protagoniza los hechos, también forma parte de esta producción social que es siempre dinámica, que cambia o se para, que avanza o retrocede. Queremos transmitir a cada profesional la idea que también él o ella es importante en el momento de decidir. Y por tanto, que también puede influir en la forma como evolucione la sociedad y su imaginario colectivo.

II. VARIACIONES TEÓRICAS
SOBRE UN MISMO TEMA

Cuando el equipo encargado de escribir *El sexo de la noticia* comenzamos a trabajar el tema, decidimos que no era necesario hacer una investigación previa para justificar la confección de unas recomendaciones para los medios de comunicación. Teníamos un montón de antecedentes —hechos desde diversas ópticas, en diversos momentos y hasta en lugares y países diversos— que hacían innecesario volver a repetir el mismo trabajo para llegar más o menos a las mismas conclusiones.

Para comenzar existía el libro de Petra María Secanella y Concha Fagoaga, *Umbral de presencia de las mujeres en la prensa española,* editado en 1984 por el Instituto de la Mujer, y en el que se llegaba a conclusiones parecidas a las que han llegado estudios mucho más recientes. En aquella primera investigación se decía que las mujeres aparecían en la prensa de información entre un 7% y un 9%.

En 1994, l'Institut Català de la Dona publicó el libro *El Sostre de Vidre. Situació sòcio-professional de les dones periodistes a Catalunya* (El Techo de vidrio. Situación socio-profesional de las mujeres periodistas en Catalunya) escrito por Joana Gallego y Olga del Río, centrado más en el aspecto profesional y donde se ponía de relieve que las mujeres con cargos de responsabilidad, desde jefe de sección para arriba, representaban el 14,3%, mientras que la presencia de las periodistas en general en todos los medios era casi de un 30%.

Sobre la presencia y el tratamiento de las mujeres en los medios de comunicación también disponemos de dos aportaciones interesantes: *Estudio longitudinal de la presencia de la mujer en los medios de comunicación de prensa escrita* (1996), escrito por José R. Bueno Abad y otros autores y *Gènere i informació* («Género e información», 1998), un volumen que recoge dos trabajos, una radiografía sobre la presencia de hombres y mujeres en los diarios de información general, realizado por un equipo coordinado por Joana Gallego; y otro sobre «La información deportiva» de María Eugenia Ibáñez y Manuela Lacosta. No es necesario decir que, a pesar de ser diferentes, todos estos estudios tienen muchas cosas en común, como por ejemplo que los roles más representados por las mujeres son el de adorno, el de dinamizadora cultural y el de víctima. También se pone de relieve que la presencia de hombres y mujeres en las páginas de los diarios es absolutamente desigual (de 30.793 nombres contabilizados, solamente 3.659 son mujeres, mientras que los 27.134 restantes son hombres).

También es una constante el trato desigual al referirse a hombres y a mujeres, y la repetición de estereotipos, son fundamentalmente femeninos, a pesar de que los estereotipos masculinos también requerirían, en su propio entorno, una reflexión.

Si miramos la escena internacional, contamos con el libro *Women in the media*, elaborado por un grupo de investigadoras europeas, entre ellas Elvira Altés, autora del capítulo dedicado a España y Portugal. Esta obra, editada por la Comisión Europea, hace un repaso general a los estudios que se han hecho sobre el género en toda Europa, poniendo de relieve cuáles son los vacíos que todavía faltan por llenar, así como las características de este tipo de trabajos.

Además para elaborar estas recomendaciones que intentan ser una herramienta útil para el trabajo periodístico, además de tener en cuenta todos los libros citados y otros muchos que pueden encontrarse en la bibliografía, se ha hecho un análisis cualitativo a lo largo de una semana de los seis diarios de mayor tirada y de otros tres diarios del ámbito de la prensa local: *El País, El Periódico de Catalunya, La Vanguardia, El Mundo, Avui y ABC*, por un lado, y *El 9 Nou* (edición Bages, Berguedà, Cerdanya, Solsonès y Alt Urgell), *El Punt* (edición Barcelonès Norte) y *Diario de Terrassa*.

A este análisis cualitativo hecho en la semana del 5 al 11 de octubre de 1998, hay que añadir todos los hallazgos significativos que las personas del equipo y otras colaboradoras han ido recopilando a lo largo de los últimos años, y en un último esfuerzo, justo antes de realizar la traducción al castellano de este libro, a finales del año 2000.

Todos los ejemplos que se presentan se han encontrado en días y diarios concretos y, a pesar de que su número es muy cuantioso, se han seleccionado solamente los más significativos dado que la principal finalidad está centrada en una reflexión conjunta y no en una enciclopedia. Aun así su universalidad está a prueba de dudas y salva los pocos años que han podido pasar desde la primera edición en lengua catalana de *El sexo de la noticia* hasta la publicación de este libro.

III. ELEMENTOS DE PRODUCCIÓN INFORMATIVA VINCULADOS AL GÉNERO

Los medios de comunicación son más propuestas de lectura de la realidad que reflejos de la realidad misma. Los medios presentan a las audiencias los escenarios, los temas y los personajes que creen significativos en cada sociedad. De entre todos los temas, escenarios y personajes posibles, que son muchos, los medios eligen aquellos que por razones económicas (ventas, expansión, audiencia), políticas (intereses y estrategias de grupos) o sociales (creencias, valores, tradiciones) consideran dignos de ser sometidos a un seguimiento informativo regular. A estos tres factores hay que añadir un cuarto supuesto muy influyente en el diseño del contenido de los medios de comunicación: el factor profesional, que no es otra cosa que el que algunos autores y autoras han denominado con acierto la «cultura periodística» (convenciones, métodos, rutinas establecidas). Estos factores que configuran la llamada «cultura periodística» (Margareta Melin-Higguns y Monika Djerf, 1998) pueden ser más determinantes a la hora de definir los contenidos concretos que no un supuesto —y perverso— cálculo político o empresarial.

Por otro lado, los medios son, cada vez más, una importante fuente de conocimiento de las personas, al mismo tiempo que uno de los mejores instrumentos de socialización. De ahí, por tanto, la importancia de la representación que se hace de la realidad a la hora de obtener legitimidad social. Los medios de comunicación, sean conscientes o no, proponen pautas de comportamiento y modelos de referencia para toda la comunidad y contribuyen a perpetuar el orden social establecido. La exposición continuada de unos personajes determinados, el seguimiento diario de unos escenarios y temas y la ocultación de otros modelan inevitablemente nuestro universo simbólico, nuestra escala de valores, nuestras expectativas, nuestra concepción del mundo.

El gran teatro de la información: nuevos y viejos escenarios

Ahora bien, dentro de este escenario global que es el mundo, la mirada informativa no se detiene de igual manera en cualquier protagonista posible (Amparo Moreno, 1998). El punto desde el cual se mira y la perspectiva que se adopta es una y no otra. Hay escenarios principales, frecuentemente iluminados por focos y escenarios que quedan en penumbra e incluso en la más absoluta oscuridad. Hay protagonistas que actúan en unos escenarios privilegiados por esta mirada informativa y otros que a duras penas consiguen atraer la atención. Esta desigualdad afecta naturalmente a amplias y variadas realidades sociales, que quedan ensombrecidas en favor de otras que diariamente salen a la luz. Este libro se centrará, no obstante, en la diferencia de tratamiento de género que podemos observar; o para decirlo en otras palabras más simples, en las diferencias de tratamiento que se perciben según sea el sexo del protagonista de la información. Y cómo esta diferencia de tratamiento puede ser comprendida, interiorizada y asumida por la sociedad y por lo tanto, incorporada a nuestra escala de valores hasta el punto de afectar a nuestros hábitos cotidianos.

Los diferentes escenarios se han configurado y han adquirido carácter y personalidad a lo largo del tiempo, pero entre todos los diferentes espacios de relación social podemos observar que hay una primera selección: la mayoría pertenecen a espacios públicos. Y aquí podemos incorporar una primera reflexión de género. Tradicionalmente las mujeres estaban socializadas para ocupar espacios privados y los hombres para espacios públicos. Los hombres están educados para el mundo exterior. Las mujeres para el mundo doméstico. Ésta es una primera causa que podría explicar la ausencia de mujeres en espacios informativamente significativos. A medida que las mujeres se han ido incorporando a los escenarios públicos, se ha incrementado y diversificado su aparición en los medios, pero todavía se está lejos de que estén presentes, en términos de paridad. Los primeros escenarios son los del mundo de la política y de la economía, razón de ser de muchas publicaciones en sus inicios. Estas dos secciones —Política y Economía—, en términos periodísticos, continúan siendo, hoy por hoy, las más valoradas y las más prestigiosas, dentro y fuera de las redacciones. No son las más populares, pero en cambio gozan del respeto de la profesión y de una buena parte de la audiencia.

A medida que la sociedad ha ido evolucionando, se han incorporado nuevos escenarios, como pueden ser el mundo de la cultura, del deporte o, más recientemente, del ocio. Estos nuevos espacios continúan siendo públicos, pero, con la evolución social y de las costumbres, cada vez hay más espacio informativo destinado a hacer un seguimiento de las actuaciones personales, tanto en lugares públicos como privados. Es posible que ésta sea la mayor transformación del periodismo de hoy en día, que todavía no está lo suficientemente estudiada: el desenfoque entre las fronteras de lo que tradicionalmente era privado —y por tanto quedaba fuera de la mirada informativa— y lo que era público y se consideraba objeto de información periodística.

No es extraño, por tanto, que cuando hablamos de las diferentes secciones encontremos más mujeres en los escenarios, donde con frecuencia tienen lugar relaciones interpersonales (Sociedad), de diversión y ocio (Cultura y Espectáculos) y de las actuaciones privadas (Gente, Comunicación).

Actores principales, actrices secundarias y extras

En estos escenarios, hombres y mujeres actúan y representan su papel. Como en cualquier representación teatral, como en cualquier película, hay personajes principales y secundarios y también extras que hacen papeles de relleno. Hay quienes repiten papel muy a menudo, otros aparecen esporádicamente y otros de una manera efímera. También como en las películas, algunas figuras representan la bondad, la maldad, el victimismo, etc. Si mirásemos realmente la representación informativa como una obra teatral, nos daríamos cuenta que utilizan los arquetipos y estereotipos que ya se empezaron a definir en la Antigüedad. Hasta el lenguaje está lleno de metáforas, de figuras retóricas para persuadir mejor al público que lo recibe (Elvira Teruel, 1998). El binomio sobre el cual gira este juego informativo es el triunfo *versus* el fracaso. El éxito —social, político, deportivo, económico— frente a la desgracia. La ganancia frente a la pérdida.

De una manera general podemos decir que los y las protagonistas principales provienen mayoritariamente de las élites sociales: políticas, económicas, deportivas, culturales y artísticas, etc.

En estos escenarios privilegiados por la mirada de los medios de comunicación, pululan políticos de diversa territorialidad, empresarios y figuras del mundo económico-mercantil, líderes de distinta categoría, estrellas del deporte, artistas e intelectuales del mundo del espectáculo y la cultura y, más recientemente personajes que destacan —o son destacados— por diversas actuaciones privadas, pero que siempre tienen en común su notoriedad.

Los medios también ceden parte de su espacio a personas anónimas y a acontecimientos diversos. Hechos naturales, catástrofes, acontecimientos premeditados o no, actuaciones individuales que se salen de la norma. Todo lo que no está todavía tipificado, lo que es insólito, infrecuente, curioso e incluso marginal. Estos personajes —que con frecuencia representan un papel dramático— tienen su espacio casi siempre en las secciones de Sociedad, una macroárea que admite muchos más escenarios secundarios que cualquiera de las otras, alineadas, por lo general, en el lado de los líderes de todo tipo.

Aquí podría radicar otra de las posibles causas de la ausencia de las mujeres en los escenarios informativos: su tardía incorporación al mundo de lo público todavía afecta a sus posibilidades de ser líderes. Hay algunas, y aparecen con mayor o menor frecuencia. Pero todavía falta mucho para que lleguen a la pirámide de la jerarquía social. Al gozar de menos representación en las altas esferas del poder político, económico, cultural, social, etc. tienen menos posibilidades de ejercer los papeles protagonistas de la información, como actrices directas o como fuentes de información.

Y finalmente, la evolución de la sociedad, sus tradiciones y sus costumbres se alían con las prácticas productivas, los valores y las creencias propias de la profesión periodística, que consideran natural lo que no es más que una construcción con la que los periodistas, medios y público forman un sistema perfectamente sincronizado que se retroalimenta de manera continua.

Las fuentes o la importancia del guión y *el casting*

En la construcción de una noticia, influyen muchos elementos, desde el criterio de lo que los medios de comunicación consideran noticia y la manera como la presentan, que podría ser como el guión tipo, hasta la elección de las personas e instituciones que son requeridas por la organización periodística para que aporten los datos y la información, que correspondería al *casting*. De esta interacción entre las fuentes o protagonistas y las formas que utiliza la organización periodística para producir las noticias surge el discurso de los medios.

Según las prácticas y creencias periodísticas, para que un hecho sea susceptible de convertirse en noticia ha de tener una características precisas: una fecha precisa, unos datos objetivos que han de poder ser descritos y diferenciados de otros acontecimientos. Del mismo modo, tiene que haber quien dé los datos —personas, grupos, o instituciones— con la autoridad suficiente para otorgarles credibilidad. Quien suministra los datos aporta la información de unos hechos desde su perspectiva, es decir, su visión de los hechos.

Es fundamental conocer el proceso de legitimación de las fuentes que se produce en los medios para entender por qué unas fuentes y unas visiones de los hechos tienen una entrada fluida en los medios y por que otras se quedan al margen y solamente consiguen aparecer de una manera esporádica, más como una desviación que como una rutina.

Como han demostrado con amplitud diversas investigaciones, como la de Mark Fishman (1980), en un principio las instituciones oficiales están legitimadas como una fuente de discurso por los medios, de tal manera que sus datos y las personas que actúan como interlocutoras no suelen ser contrastadas por la organización periodística. Otras instancias, grupos o personas de la sociedad civil que pretenden convertirse en fuentes para los medios tendrán que observar los requisitos y las demandas mediáticas, en un proceso que se irá retroalimentando. Es decir, sus informaciones tendrán que cubrir las características de noticiabilidad que necesiten los medios, datos que en una primera etapa serán contrastadas con otros grupos o personas, hasta que lleguen a formar parte de las fuentes habituales y queden legitimadas como una institución o personaje que aporta información solvente. Una noticia virtual, que no se inscriba en el marco de este proceso de legitimación, difícilmente enlazará con los procedimientos rutinarios de la producción informativa.

Las fuentes que manan: agencias, gabinetes, instituciones y personas

A la organización periodística llegan de manera habitual una serie de informaciones en forma de noticias de agencia, previsión de acontecimientos o temas a través de dossiers de prensa preparados por instituciones o empresas, y otras comunicaciones de grupos y personas que pretenden poner en circulación ideas, temas o historias.

También hay la actividad de cada periodista que va a la búsqueda de temas, que consulta sus propias fuentes de información o que investiga otras nuevas para elaborar sus relatos. A menudo hay quien niega la preponderancia de las fuentes legitimadas que, de forma habitual, llegan a la redacción. En los Estados Unidos existen estudios (Pamela Shoemaker y Steve Reese, 1994) que indican que el 60% de las noticias se originan a través de fuentes controladas por los medios y que los personajes que aparecen con más frecuencia (en el 71% de los casos) son del mundo de la política y personalidades conocidas.

En este consenso entre suministradores de información para el discurso periodístico y el proceso de legitimación que otorga la organización periodística a la fuente se deslizan una serie de elementos que vale la pena analizar.

Personajes, personalidades y personas

Otro de los criterios que establece la ideología periodística es el que otorga un plus de credibilidad a la persona que actúa de líder del grupo, sea un movimiento social, una empresa o una institución. Este requisito puede explicar por qué en el estudio *Gènere i informació* (1998) las menciones de mujeres que hace la prensa de información general a duras penas llegan al 12% del total. Nos podemos preguntar si el protagonismo femenino en la sociedad es tan pobre como el que podemos encontrar reflejado en la prensa y con seguridad la respuesta no se corresponde con el porcentaje citado. La participación de las mujeres en todos los ámbitos de la vida pública y social está muy por encima de este ridículo 11,88%. Si no aparecen más fuentes femeninas es como consecuencia de la superestructura jerárquica tanto por lo que hace referencia a las empresas y a las instituciones como a los mismos criterios profesionales. Esta jerarquía oculta con frecuencia a las auténticas autoras de los trabajos o a las gestoras de proyectos, que están detrás de los que ostentan cargos directivos (Milagros Pérez Oliva, 1996).

Con frecuencia se observa en las notas de Agencia de información, cómo las últimas líneas del teletipo están reservadas para dar noticia de lo protagonizado por mujeres o para explicar cómo les afecta aquella noticia en concreto.

Se produce así una subordinación clara en la pirámide informativa y en la mirada de la información. El protagonista de la información por excelencia es un hombre, líder en su campo y con un discurso apropiado para ser interpretado por los medios. No es nada extraño, si tenemos en cuenta que la profesión periodística practica una mirada androcéntrica sobre la realidad, con el convencimiento de que es una aproximación objetiva o neutra.

Por otra parte, las instancias de la realidad que afectan a las mujeres, o los movimientos sociales en donde ellas son protagonistas, no suelen organizarse con criterios jerárquicos, de manera que los medios no encuentran siempre a la misma interlocutora (lo que podría legitimarla como fuente), ni aporta la información en un formato adecuado para ser trasladada a un texto noticiable. Sólo algunas personalidades han entendido estos requerimientos de los medios de comunicación y han sabido convertirse en fuente del discurso mediático. En consecuencia, podemos llegar a tener la impresión de que en una ciudad sólo hay una abogada o una médica o una especialista única en un determinado tema, ante su reiterada aparición como fuente en los medios de comunicación.

Lenguaje y estereotipos

En esta interacción con la organización periodística, la propia fuente traslada su visión del hecho o del tema con un discurso que incorpora la ideología, los estereotipos y el lenguaje de la institución que sirve los datos (la cual habrá hecho previamente la traducción a los valores noticiables que exigen los medios).

A nadie se le escapa que las fuentes iluminan aquellos aspectos que les interesa resaltar y ocultan aquellos elementos que les conviene dejar en la sombra, pero, más allá de actitudes de ocultación voluntaria, las fuentes de información transmiten su propio código de significados, a partir del cual se explica la realidad, de manera que, incrustado en su transmisión de los hechos, llevan incorporado el léxico, los clichés y la propia cosmovisión.

En un estudio sobre el tema de los maltratos en la prensa (Elvira Altés, 1998) se ha podido comprobar como en «los breves» que aparecen en los primeros años de la transición política española, el lenguaje, los estereotipos y las justificaciones respondían de una manera fiel a la ideología de la policía o de los juzgados, de la fuente que emitía la nota. Cuando el movimiento feminista incorporó sus reinvindicaciones y su código de significados, los medios de comunicación adoptaron, dejando fuera, eso sí, aquellos conceptos que por su radicalidad podían cuestionar el orden social. Así se pasó de la concepción de los maltratos domésticos como un crimen pasional, justificado por el sentimiento de abandono del hombre y circunscrito al ámbito privado, del que la policía y la ley quedaban excluidos, a la consideración actual de víctima y verdugo en boga en el escaparate mediático. Para darnos cuenta de la importancia de este cambio, podemos constatar cómo el drama doméstico ha dejado de pertenecer al espacio privado para convertirse en una cuestión de orden público, en donde ya pueden intervenir las instituciones sociales.

Las fuentes del género, el género de las fuentes

Parece difícil poder modificar estas rutinas productivas para hacerse un espacio dentro del discurso mediático que dé el protagonismo a las acciones que emprenden las mujeres. Estar presente como fuente en los medios de comunicación implica comprender el proceso productivo, es decir, presentar los temas como centros de interés mediático, darles forma de valores noticiables, pasar por el proceso de legitimación, o sea aceptar convertirse en interlocutoras de los medios y, por último, traducir la propia visión de los hechos a los estereotipos que circulan socialmente. Únicamente así se obtendrá el consenso entre protagonistas legitimadas, que se promueven como fuentes del discurso, y el sistema productivo de los medios, que transformarán este discurso en un código significativo de información.

No siempre las organizaciones y movimientos sociales donde trabajan mujeres, están dispuestos a aceptar las condiciones de este consenso, en algunos casos las responsables técnicas de proyectos e investigaciones prefieren mantenerse discretamente detrás de sus jefes jerárquicos y en otros las mujeres protagonistas sencillamente no saben como hacer llegar su voz a los medios de comunicación.

Por parte de la organización mediática cuando los y las periodistas se ponen en contacto con las fuentes tanto si les ha llegado la cuestión por medio del dossier de prensa como si trabajan en un tema propio, no acostumbran a preguntarse si el género puede modificar la información que están dando. No se preguntan si conseguirían la misma historia en el caso de que la diera la responsable real de un proyecto y no su jefe. O bien si aquellos datos no tomarían una amplitud significativa si estuviesen desglosados por sexos, o si aquella noticia no aportaría más información a la audiencia si incorporase opiniones de una fuente específica de género (Asociaciones profesionales o de voluntariado de mujeres, Institutos de la Mujer, etc.).

Estas preguntas son las que la organización periodística y cada profesional tendrá que ir respondiendo, si quiere que los hábitos productivos no continúen dejando los temas, las opiniones, las acciones del colectivo femenino fuera de foco.

La invisibilidad de las mujeres: el uso del genérico masculino

El lenguaje es la forma de comunicación entre las personas y al mismo tiempo es el dispositivo utilizado para representar la realidad.

La lengua es el resultado de una cultura, pero también es, de alguna manera un condicionante del pensamiento y de la conducta (Álvaro García Messeguer, 1984). Así, la expresión en el lenguaje viene determinada por todo el bagaje cultural y social que hemos heredado generación tras generación. Pero hay que tener presente que no se trata de una cosa estática y que no la hemos recibido como un monolito. Al contrario, el lenguaje es un elemento evolutivo, donde se va añadiendo o suprimiendo conceptos, o donde el significado de éstos también va variando. Algunos quedan como un recuerdo, otros caen en desuso y otros sencillamente desaparecen.

Un ejemplo de cómo se producen estos cambios, a menudo derivando hacía la masculinización genérica, se observa en el lenguaje de la comunicación electrónica. La red Internet siempre llevaba el artículo femenino como corresponde al hecho de ser una red. Actualmente ha perdido el artículo y se llama sólo Internet. De manera más flagrante se está utilizando en vez de las páginas web *el web*.

Por todo ello, no tiene que dar miedo forzar el lenguaje, adaptarlo a las nuevas realidades que van surgiendo. La relación entre lengua y cultura es paradójicamente complicada. Es como el pez que se muerde la cola. Nuestra cultura es de tradición patriarcal y ello se refleja en el uso de la lengua con la incorporación de determinados conceptos y expresiones transmitidos de generación en generación. Estos posos se han fijado hasta tal punto en nuestra cultura, que aunque la sociedad avance, cuesta que el lenguaje se adapte al mismo proceso. Sólo hay una forma de interrumpir el círculo vicioso: forzar el lenguaje y encuadrarlo en la nueva realidad.

Los medios de comunicación tienen una gran tarea pendiente, ya que actúan como modelo de construcción de la sociedad. Por eso es imprescindible que tengan en cuenta todos los términos que conforman esta sociedad y que se dirigen al 52% de las mujeres y al 48% de los hombres, es decir, al 100% de las personas que pueden pensar, opinar o sentir de formas diferentes, pero que existen y actúan en paralelo.

Aunque es cierto que es necesario aceptar las diferencias existentes entre los géneros y las personas, hay que cuestionar la simetría entre diferencia y jerarquía. Que haya diferencias no quiere decir que haya superioridad de unos e inferioridad de otras, eso es una falacia: diferencia no implica ni jerarquía ni falta de paridad. Por esto hace falta un esfuerzo para eliminar las diferencias jerarquizantes del uso del lenguaje que son las que fijan los estereotipos.

Una historia sutil de ocultación

Partiendo de este principio que ya hemos expuesto anteriormente, la ocultación comienza con el hecho de no nombrar. Con dos excusas fundamentales: los medios de comunicación obvian una parte de la sociedad o la dan por sabida. Por una parte, por imperativo de la economía de palabras que reina en los *mass media* y, por otra, con la utilización de los genéricos masculinos que pretendidamente, incluyen a hombres y mujeres.

Luchar contra la economía del lenguaje es difícil, sino imposible. Hay ocasiones —que serán objeto de estudio más adelante— en que esta norma se salta y, por tanto, se puede empezar a cuestionar su validez.

Por lo que se refiere a los genéricos masculinos, representan una parcialización de la realidad, sobre todo si se utilizan aleatoriamente y es precisamente con su uso como se manifiesta del todo un confusionismo latente, que describiremos posteriormente. La curiosidad de su utilización radica en la discusión generada a partir de la inclusión del femenino en ocasiones muy puntuales, lo que cuestiona la validez de estos genéricos que ocultan la presencia del colectivo femenino.

El lenguaje no es neutro, no solamente por la presencia subjetiva de quien habla, sino también porque la lengua inscribe y simboliza en el interior de su propia estructura la diferencia sexual de forma jerarquizada y orientada. El lenguaje es, precisamente, donde se determina y forma la imagen que cada persona construye individualmente de sí mismo y de su propia experiencia.

La opción de los genéricos masculinos

La estructura social imperante en nuestras sociedades occidentales, y también en otras, ha conducido a la lengua a una síntesis intencionada. De tres géneros gramaticales, masculino, femenino y neutro, hemos pasado a tener dos. El masculino, que pretendidamente cumple las funciones de marcador sexual masculino y de genérico, y el femenino que se usa solamente como marcador sexual femenino.

Ahora bien, la misma evolución de la lengua, hoy por hoy, comienza a cuestionar el uso del genérico masculino ya que identifica hombre y persona y, por tanto, confunde una parte de la realidad con el todo. Deja a las mujeres como un caso específico, como excepción de la norma.

El uso indiscriminado del genérico masculino produce un efecto ocultador, invisibilizador de las mujeres, sobre todo cuando hay otras opciones para elegir que realmente incluyen a la población femenina. Pero no solamente oculta a las personas, también pone una pantalla delante de determinadas situaciones, como una cortina de humo.

Es muy frecuente encontrar en los medios, frases como la aparecida en *El País* (5/10/1998): «la mayoría de los ciudadanos está más que harta (...)», fácilmente intercambiable por una opción más integradora como es «la ciudadanía». O esta otra extraída del periódico *ABC* del mismo día, «Agentes israelíes se convirtieron en árabes, se casaron con musulmanas y tuvieron hijos para vigilar a sus enemigos». Cabe pensar que únicamente tuvieron hijos varones y que los enemigos sólo eran hombres. Por eso, hubiera sido mejor haber usado otras formas de genéricos como el término «personas», «descendencia» y «fuerzas enemigas», expresiones mucho más fieles a la realidad y menos discriminatorias.

La estética de la repetición y el confusionismo latente

Lo antiestético de la repetición es un mito. Cuando interesa para la mejor comprensión de una noticia bien que se utiliza; la cuestión es con que criterios se utiliza. Nombrar a hombres y a mujeres cuando la comprensión de la información lo requiere no se puede considerar una repetición, si no el decir las cosas por su nombre o, simplemente ser fiel a la realidad porque la realidad de los hombres y de las mujeres no siempre es coincidente.

La utilización masiva de los genéricos masculinos queda frenada cuando realmente interesa remarcar la presencia femenina en el desarrollo de una información. Por ejemplo, en *El País* (18/11/1998) aparece una información con el título «En Australia organizan combates de boxeo con niños y niñas», pero con el subtítulo «los médicos solicitan la prohibición del pugilismo infantil».

Ciertamente con esta información se ha querido ser muy fiel con la realidad y muy correcto con el tratamiento, pero el inconsciente de la persona que lo ha redactado (proviene de agencias) la ha traicionado al hablar exclusivamente de «médicos». Por un lado, se habla de «pugilismo infantil» y de «niños y niñas», pero de otro, se excluye a todas las mujeres que se dedican a la profesión médica. ¿Por qué? Cuando se habla de boxeo, si no se especifica lo contrario, se asocia a una práctica masculina, nuestro cerebro hace un clic automático de identificación; por eso la redacción debía de ser más explícita.

En otras ocasiones el confusionismo latente se manifiesta creando saltos semánticos, como en esta noticia publicada en *La Vanguardia* (19/8/1998). El desglosado titulaba «prostitutas cada vez más jóvenes», pero en cambio se desarrollaba: «(...) son las deudas insalvables de las familias las que puedan llevar a los niños a caer en manos de usureros» y, más abajo: «(...) donde existe una clara relación entre explotación de niños y llegada de turistas». Es obvio que si la redacción hubiese previsto la posibilidad de un genérico globalizador, hablando de prostitución infantil, este salto semántico no se habría producido y la comprensión habría sido inmediata; una vez más, quedan reflejados los términos patriarcales de nuestra sociedad, aunque se produzca de manera inconsciente y sin premeditación.

Todavía hay otro tipo de confusión producida por genéricos masculinos, ejemplificada por esta información aparecida en *El Periódico de Catalunya* (30/5/1998). El titular decía: «las mujeres llenan las consultas para dejar de fumar». Está muy claro que cuando se dice las mujeres solamente se refiere al sector femenino de entre todas las personas fumadoras, aquí no hay ninguna posibilidad de confusión. Pero veamos ahora el titular del desglosado de esta misma información: «Los catalanes prohibirían el humo en los lugares públicos cerrados». ¿Quiénes son los catalanes? ¿Son los hombres? o ¿Son los hombres y las mujeres de Catalunya?

Podemos observar cómo, en contacto con los marcadores de sexo, los genéricos masculinos pierden su pretendido poder aglutinador, con lo que se demuestra su incapacidad para representar verdaderamente la realidad. Por esto hemos de identificar esta situación como la de un confusionismo latente.

Parece claro que estos casos tienen un nexo de unión que los acerca y que puede ayudar a explicarlos. El genérico masculino no se utiliza únicamente por costumbre, sino también por falta de sensibilidad, pero los marcadores de sexo femenino citados en estos casos, demuestran una voluntad explícita de incorporar a las mujeres. Y pensamos que no es casual que se haga sólo cuando se trata de casos excepcionales y a menudo para destacar alguna cosa en negativo o en positivo, en el ámbito del cual no se asocia a las mujeres (por ejemplo: la violencia en el fútbol, etc.).

Así pues, podríamos deducir que la lengua actúa como freno en la evolución de la sociedad hacia una utilización menos discriminatoria; y al mismo tiempo el confusionismo latente evidencia un conflicto entre las personas que hacen uso de la lengua y que nos obliga a forzar el cambio: Así un presentador del tiempo en la Televisión catalana (TV3) refiriéndose a un Congreso celebrado en Cerdanyola (Barcelona), citó a los participantes como «los hombres y las mujeres del tiempo». Asimismo, el presentador de un informativo en la misma cadena de televisión, hablaba «del ganador o la ganadora» de 2000 millones de pesetas en la lotería de la ciudad de Rubí (Barcelona).

La necesidad obliga

Los medios de comunicación son un termómetro del lenguaje, son referentes para la construcción de identidades, para la formación de nuestras mentalidades, crean ideología y, por tanto deberían de evitar el reproducir los estereotipos y los prejuicios que se dan en nuestra sociedad. Por eso, se deben encontrar nuevas formas de redacción para eliminar el sexismo en la lengua —también en la mediática—. Se debe incidir como mínimo en el sentido que la lengua pierda inercia y acelere los cambios que ya han empezado a producirse en la sociedad. En definitiva, la lengua debería de ser un sistema abierto en el cual se introdujesen a lo largo del tiempo las modificaciones convenientes dirigidas a satisfacer las necesidades de las personas que la utilizan en cada momento. Y más que cambiar, tendría que mutar en el sentido más radical de cambio, porque no es suficiente con una evolución que arranca de la división sexual de la sociedad.

Si conviene usar fórmulas más largas, se ha de buscar la manera de integrarlas al texto, especialmente en los titulares; si se pueden buscar genéricos globalizadores, es mejor que usar los masculinos. Ahora bien, para conseguirlo sólo hay un camino: la acción política. No es una tarea que pueda hacerse de un día para otro, ni poniendo obstáculos desvirtualizadores. Hay que evitar el sexismo a golpe de sensibilidad democrática y ética y esto no solamente se consigue con el uso de un lenguaje no sexista; también se deben modificar los procesos de producción incorporando más mujeres en los órganos de dirección y en los ámbitos relacionados con la toma de decisiones. Existe otra vía, la militancia, pero ésta es una opción personal y no todo el mundo está dispuesto a ejercercerla.

Tratamiento asimétrico: un rompecabezas incompleto

Tal como ya hemos indicado, los medios de comunicación son propuestas de lectura de la realidad. Su constitución social se asemeja a un rompecabezas con piezas que han de casar las unas con las otras para que, así, todas juntas representen el mosaico de la realidad. De la misma manera este rompecabezas aparece incompleto, ya que la vida de las mujeres y la de los hombres no se examina con la misma mirada —atención y precisión— por parte de los jugadores —los periodistas— que contribuyen a completar la partida.

Este tratamiento informativo, marcadamente desigual, afecta a cualquier sección hasta tal punto que está tan asumido e interiorizado por la sociedad que se observa como natural. Hay infinidad de ejemplos que se pueden encontrar en cualquier medio de comunicación.

Las últimas de la fila

Se observa que en una gran cantidad de informaciones *ellas* quedan relegadas a las cuatro —si es que se llega a esta cifra— últimas líneas de una noticia más extensa. Con esta *generosidad* de espacio se *mata* la información sin apenas profundizar, como si el tema no tuviera ningún interés y afectase solamente a un pequeño segmento de la población. Da la impresión de que las noticias de tema femenino se añadieran para cumplir con la cuota y respetar, así, las normas de lo que es políticamente correcto, pero no para contribuir a una información plural.

Uno de los ejemplos de cómo las mujeres son las últimas de la fila, lo detectamos en *El Periódico de Catalunya* (30/11/1998), donde se dedicaron 48 líneas de una noticia al hecho de que Suiza rechazase en referéndum la venta libre y controlada de drogas, mientras que a los votos emitidos a favor de permitir el trabajo nocturno de las mujeres, tema del cual trataba la misma noticia, solamente se le dedicaran cuatro líneas y, curiosamente, las últimas del párrafo.

En la sección de Deportes, esta práctica es habitual, de tal manera que los lectores y las lectoras, si desean conocer los resultados femeninos de una determinada disciplina deportiva, deben bajar la vista hasta las últimas líneas de la noticia. Con suerte, encontrarán allí la información condensada en unas cuantas líneas o podrán leer inicios de frase como la que sigue: «las chicas españolas (...)», *El País* (5/10/1998), si no es que, por cuestiones de espacio, la noticia no haya saltado —eliminada— a última hora.

El estatus familiar

La mala identificación, uno de los caballos de batalla y de denuncia de este libro, parece gozar de mayor licencia periodística cuando las protagonistas son mujeres. Así podemos leer noticias como: «la viuda de Antonio Jiménenez Landi recogió el premio», *ABC* (6/10/1998) —se hace referencia al Premio Nacional de Historia de España—, sin que se llegue a saber nunca cual es el nombre completo de «la viuda de Antonio Jiménez Landi», por más que nos esforcemos en su lectura y relectura. Mientras que, cuando la persona que recoge otro premio es un hombre, el esfuerzo o el *savoir-faire* del profesional que cubre la noticia diluye la opacidad anterior: «En su lugar recogió el premio su marido, Ragip Zarakolu» —marido de la editora turca Ayse Nur Zarakolu que recibió el premio Libertad Para Publicar que concede la Asociación Internacional de Escritores—. ¿Simple casualidad?

Si Manuel Martín Serrano (1995) afirmaba ya hace unos cuantos años que uno de los esquemas que se repiten en la televisión era «de las mujeres el cuerpo, de los hombres la cabeza», pasado un tiempo las cosas no han cambiado casi nada. Uno de los ejemplos más flagrantes es el tratamiento recibido por Carmen Posadas con relación al ex gobernador del Banco de España, Mariano Rubio, su marido —ya fallecido—.

Uno de los titulares que *El País* (16/10/1998) publicó cuando Carmen Posadas ganó el Premio Planeta fue: «Una mujer de moda que aspira a ser escritora». En todo momento se la relacionó con los problemas de Mariano Rubio con la Justicia y ella perdió su invidualidad: «(...) Así las cosas, la implicación de su marido en supuestos delitos de falsedad y estafa le granjeó más fama a esta burguesa ilustrada que su trayectoria literaria», y añadía el periodista: «(...) Su matrimonio con el ex-gobernador del Banco de España, Mariano Rubio, en 1988 y sus relaciones con la gente guapa han situado a la escritora más en la órbita de las revistas del corazón que en el ámbito de los suplementos literarios».

Por el contrario, unos días después, el mismo diario *El País* (21/10/1998) hacía referencia a Mariano Rubio con estas palabras: «El ex-gobernador del Banco de España Mariano Rubio rechazó tajantemente la versión de Mario Conde sobre la operación de 300 millones pagados a Adolfo Suárez con relación al proyecto de fusión Banesto-Banco Central. En ningún momento de la información se nombraba a Carmen Posadas, hecho, por otro lado, totalmente lógico. En todo caso lo ilógico es que a ella se la vincule con su marido, por encima de sus capacidades intelectuales, que la hicieron merecedora del Premio Planeta en 1998. Y que además se la califique de «una mujer de moda que aspira a ser escritora», cuando nadie ignora que era escritora desde hace ya mucho tiempo.

Entrevistas a mujeres: la cotidianidad servida a la carta

Un logro conseguido en los últimos años por la audiencia de los medios de comunicación son los espacios de entrevistas en profundidad con mujeres. A primera vista es un logro suficientemente importante ya que contribuye a equilibrar la balanza de presencia mujeres-hombres en los *mass media*. La cuestión, no obstante, no es sencilla. Son muchas las mujeres —y también los hombres— a quienes les parece absurdo el hecho que sólo a las protagonistas de una entrevista se les haga un tipo de preguntas estereotipadas por lo que se refiere al género: «¿Crees que las mujeres tenemos una sensibilidad distinta para algunas cosas?, ¿qué es lo femenino?, ¿es feminista?». O bien otras preguntas del estilo: «¿Le resulta difícil compaginar familia y trabajo?», *La Vanguardia* (17/11/2000),

¿cuál debe ser la implicación en la educación de los hijos y las hijas?», etc. Consideramos que sería beneficioso y oportuno que estas preguntas se extendieran también a los entrevistados.

Básicamente esta batería de interrogantes apela tanto a la identidad de género como al mundo de la cotidianidad, un universo que gira alrededor de la manifestación del afecto y de la regulación de los lazos familiares. Al formular estas preguntas sólo a las mujeres, lo que se hace es elevarlas a protagonistas únicas del ámbito doméstico. Por tanto, a pesar de que consideramos positivo que en las entrevistas se planteen asuntos de cariz familiar, ya que permiten comprender otras dimensiones de la persona entrevistada, es necesario que también los hombres las respondan. Negar este tipo de cuestiones al género masculino equivale a privar a la audiencia de conocer cómo se desenvuelven los hombres en el ámbito doméstico. Esto contribuiría a diluir el retrato que los medios hacen de los hombres como simples comparsas del entorno familiar.

Las bellas: tontas o culpables

La mirada informativa no atiende de igual manera a todos y todas las protagonistas de las informaciones. Podemos encontrarnos con el estereotipo de la mujer guapa, que o bien es tonta, o bien es la culpable de algún desaguisado. En cambio, si analizamos la cuestión a la inversa, descubriremos que son muy pocas las veces que los medios de comunicación presentan al hombre como culpable, a pesar de que últimamente con los casos de violencia contra las mujeres, a ellos se les presenta como verdugos y a ellas como víctimas.

El País (21/5/1997) recogía una noticia en la que el tratamiento entre el hombre y la mujer quedaba muy lejos de la igualdad. El titular decía: «Una bella condesa y su amante ocultan el dinero de Craxi, según los jueces». La entradilla del texto convidaba a salir de dudas sobre el asunto económico-amoroso: «Vaqueros ajustados, chaqueta de piel negra y un sombrero de paja en la mano. La condesa Francesca Vacca Augusta mostró ayer su belleza madura y elegante (...)». A su acompañante se presenta de este modo: «Maurizio Raggio entró en esta historia por las circunstancias de ser joven —ahora tiene 38 años—, bien parecido e hijo del propietario de un restaurante de Portofino (...)».

De la información se desprendía que Francesca Vacca y Maurizio Raggio habían huido juntos y con un nuevo estatus: tener más millones que antes. La cosa, pero, no acababa aquí: el único delito del joven Raggio era haber caído bajo la influencia de la condesa italiana. Ciertamente, él quedaba retratado como una persona indefensa, incapaz de tomar la decisión de huir de Italia, mientras que «la Augusta» —como el periodista nombraba a Francisca Vacca en una ocasión— era la auténtica artífice del delito. ¡Ahí es nada! para ser un artículo pretendidamente objetivo.

Después de analizar todos estos ejemplos, pensamos que la desigualdad que existe en el tratamiento informativo entre mujeres y hombres no se podría superar solamente aplicando la perspectiva de género que proponemos. En todo caso, se trata de una cuestión ética, que es en última instancia, la manera más digna de llevar a cabo cualquier tarea periodística rigurosa.

¿Quién es esta mujer?

Son diversos los estudios de género que en los últimos años han analizado la presencia de las mujeres en la prensa escrita, tanto en el Estado español como en el extranjero. Uno de los aspectos que ha llamado la atención a las investigadoras ha sido el criterio que se sigue para designar a las mujeres como sujetos y protagonistas de la información. En algunas ocasiones, se las identifica con nombre y apellidos, pero con mucha más frecuencia se las cita con su nombre de pila, con las iniciales o aparecen como personas anónimas: una «mujer», una «vecina» y en algunos casos ni tan sólo se hace referencia. No identificar correctamente a las personas no es solamente una falta de rigor periodístico, sino que revela el punto de vista y hasta la consideración que se tiene de aquella persona. Es una manera de opinar implícitamente. La falta de identificación de las mujeres significa, además desconsideración, irrelevancia y exceso de familiaridad. Con este tratamiento parece como si las mujeres fuesen menores de edad y nunca pudieran alcanzar el trato respetuoso que debería corresponder a las personas adultas, y que es el que se da a los hombres.

Anónimas y ocultas

Un ejemplo muy significativo de la falta de identificación se da en la fotografía que aparece en *El País* (21/9/1996), donde se ve a una mujer en un plano medio con un paraguas abierto mirando libros en un estand de la feria del libro en el Paseo de Gracia de Barcelona. En el otro extremo de la foto cuesta identificar la figura de un hombre borrosa. El pie de la foto dice: «Ayer por la mañana, en el Paseo de Gracia un hombre y un libro se encuentran».

Otra situación frecuente es que las mujeres figuren en la información sin que conste cual es su actividad profesional. Monique Trancart (1996), en un estudio basado en siete medios de comunicación franceses —cinco periódicos, una emisora de radio y una de televisión—, nos dice que en su país una mujer de cada dos es citada sin que conste su profesión; mientras que en el caso de los hombres eso sólo pasa en uno de cada diez. La misma especialista nos habla de mujeres ocultas porque cuando se escribe sobre su oficio o su actividad profesional se hace usando el genérico masculino. En nuestro país esta práctica también es frecuente: «Mónica Escribano (...) llegó a ocupar el puesto de director de calidad», *Cinco Días* (13/1/1999).

Ayer por la mañana, en el paseo de Gràcia, un hombre y un libro se encuentran.

JOAN SÁNCHEZ

Cómo se cita a las mujeres

De un total de 224 mujeres aparecidas en los periódicos *El País,*
La Vanguardia y ABC, el 21 de septiembre de 1996

Sin nombre	Sólo iniciales	Sólo nombre	Sólo apellido	Nombre y dos apellidos	Nombre y un apellido	Profesión y/o cargo	Sin identificar
11	1	31	7	17	175	117	68
4,9%	0,4%	13,8%	3,1%	7,6%	78,1%	52,2%	30,3%

Estatus atribuido

De las 224 mujeres, 41 aparecen identificadas según el estatus
(18,3%)

Sra. de	Hija	Madre	Compañera	Viuda	Amante	Otros	Sin estatus
12	4	3	2	2	3	11	3
30%	10%	7,5%	5%	5%	7,5%	27%	7,5%

Identificación

22 de estas mujeres (10%) se identifican de manera ambigua y
estereotipada

Estereotipo	Racial	Circunstancial	Procedencia	Profesión
– Animal cinematográfico – La eficaz – Un hallazgo	– Una gitana	– Pierde su contrato por embarazo – Una obrera de 46 años que ofreció su corazón a Yelsin – Delincuente absuelta	– Nicaragüense – Vecina de Barcelona	– Su Graciosa Majestad – La Reina – De Buenavista Home Vídeo – Competidora de Lina Morgan en A3TV – Debutante

Esposa, hija, madre, hermana, compañera o amante

El día 21 de septiembre de 1996, aparecieron 224 mujeres entre las páginas de *El País, La Vanguardia* y *ABC*, tres de los periódicos de más tirada en España (Ver como ejemplo ilustrativo, la tabla de la página anterior).

Clasificamos a las mujeres en tres grandes grupos, según como aparecían nombradas, por el estatus de parentesco que se les atribuía y también por las atribuciones que les daba, más próximas al ámbito privado que a la vida pública por la cual eran noticia.

El análisis nos ha llevado a diversas conclusiones, nada gratificantes:

- El 30,3% de las mujeres aparecen sin identificar. No se sabe qué cargo ocupan o qué profesión tienen.
- Si bien la mayoría de mujeres se citan con el nombre y un único apellido (el perteneciente al padre), todavía hay un 13,8% que aparecen nombradas sólo por el nombre.
- Al 18,3% de las mujeres aparecidas en los diarios citados, se las nombra en relación con su estatus de parentesco con un hombre, y de éstas, el 30% deben su protagonismo al hecho de estar casadas (señora de...).
- Las mujeres que aparecen en estas publicaciones sin cargo o profesión representan un 10% del total. En algunos casos se las identifica por las circunstancias, las características físicas, por la edad, por la pertenencia a un grupo étnico, etc.
- El lenguaje utilizado no se aplica a los hombres con tanta frecuencia.

En *El País* (28/10/1998) localizamos una foto en portada de Schroeder bailando. Pie de foto: «Schroeder, de 54 años con su mujer Doris» (¿Es que su cargo como nuevo Canciller era tan reciente que todavía la prensa no había descubierto el apellido de su segunda esposa?).

Según Pedro Antonio Fuentes Olivera (1990), «Una de las prácticas muy antiguas que todavía persiste es hacer ver a la mujer como propiedad del hombre». La ejemplificación más evidente es la de Mrs/Miss en lengua inglesa, y el «señora de» o «señorita» en castellano. El legado «señorita» que nadie utiliza en la forma masculina para referirse a los hombres, a no ser que se haga en un tono irónico.

Veamos en *Regió 7* (26/11/1998) un ejemplo de cómo se esgrime la familiaridad por encima de todo. Titular: «Relevan a Claramunt de la presidencia de la delegación de la Cámara de Comercio». En el cuerpo de la noticia encontramos una posible sustituta: «El nombre de la empresaria Paquita Riba, vicepresidenta de la MUPA y madre del ex-alcalde y actual director general de la Seguridad Social de Catalunya, Ramón Tomás». Madre, como se dice, sólo hay una, aunque ésta ¡sea empresaria!

Graça Machel, entre dos maridos

Titular de *El País* (1/9/1998): «Graça Machel, Premio Príncipe de Asturias de Cooperación». Subtítulo: «La esposa de Nelson Mandela y ex-primera dama de Mozambique (...)». El periodista no puede evitar la tentación de preguntarle hacia el final de la entrevista: «Hace poco que se casó con Nelson Mandela, ¿no le resulta curioso que dos figuras muy importantes de dos países que estuvieron enfrentados en una terrible guerra estén hoy casados?». Graça Machel responde con gracia: «Esa boda nunca fue planteada como un matrimonio entre Mozambique y Sudáfrica, eso quedó muy claro, éste es un casamiento como cualquier otro, de dos personas, no tiene nada que ver con los países ni con el pasado de estos países».

El motivo de la entrevista era una cumbre internacional convocada por la Fundación para el Desarrollo de la Infancia que preside Graça Machel. A lo largo de la entrevista, de la cual ella era la protagonista, el periodista no deja de relacionarla o bien con su primer marido, el socialista Samora Machel, líder histórico y dirigente africano, o bien con el actual, Nelson Mandela. Sólo de pasada se dice que ella ocupó la cartera de Educación de su país. El tratamiento resalta el parentesco marital y desdibuja las cualidades y los méritos propios de la protagonista, como si Graça Machel no tuviera entidad propia y sólo fuera noticia por la relación sentimental que mantuvo con dos hombres.

Karmele Zubillaga, representante y esposa

En *El Periódico de Catalunya* (13/10/1998) leemos en el titular: «De Marisa a Karmele» y en el subtítulo «Echávarri siempre ha tenido problemas en relación a las esposas de sus figuras». Por el titular podemos deducir que algo pasa, pero no se sabe bien quienes son Marisa y Karmele. La foto que preside la página tampoco lo aclara: una mujer joven vestida deportivamente, sonriendo y con un brazo tendido al lado de un ciclista. Pie de foto: «Karmele anima a su marido en la salida de una etapa del Tour 97».

La incorrecta identificación, que es la cuestión que nos ocupa en este apartado, nos obliga a leer toda la noticia si queremos descubrir la naturaleza de los problemas de Echávarri con sus figuras. Curiosamente Karmele Zubillaga es la representante de su marido, el ciclista, Abraham Olano, y por tanto la persona que negocia los contratos con el técnico. Y ¿quién es Marisa? Marisa López de Goicoechea, es la esposa del pentacampeón del Tour, Miguel Induráin, que tenía como director de equipo a Echávarri. Si continuamos leyendo nos damos cuenta que Karmele Zubillaga es una de las personas que animaron a Abraham Olano para que se entrenara hasta llegar a ser una figura en el mundo del ciclismo, mientras que ella abandonó su carrera deportiva profesional y cambió de trabajo para ayudarlo económicamente.

En *El País* (12/10/1998), nos encontramos con un subtítulo que dice: «El ciclista guipuzcoano exige a José Miguel Echávarri que pida disculpas a su mujer». En el pie de foto se lee: «Abrahan Olano con su esposa Karmele». De nuevo Karmele ha perdido el apellido y el cargo profesional de mánager del ciclista, sólo es su esposa.

Desfile de estereotipos: de las «viudas negras» a las «bellas sirenas»

Según los diccionarios al uso, el estereotipo es un conjunto de ideas que un grupo o una sociedad obtiene a partir de las normas o los patrones culturales previamente establecidos. Nos dice que la acción de estereotipar es la de fijar de manera permanente y de identificar lo estereotipado como el seguimiento de un modelo preestablecido, conocido y formalizado que se adopta de una manera fija. Podríamos aventurar que los medios de comunicación tienden a reproducir y a difundir los estereotipos sociales sin cuestionarlos previamente.

Los estereotipos sociales son generalizaciones sobre personas y/o instituciones, que se derivan de su pertinencia en determinados grupos o categorías sociales. Pertenecen al imaginario social, son cristalizaciones de significados, de gran eficacia simbólica que, a pesar de todo, se nos presentan como la pura realidad objetiva e incuestionable. Puesto que el contenido de los estereotipos está vinculado a la estructura social, funciona de forma dialéctica, de manera que se puede reforzar o debilitar en contacto con la experiencia de los individuos.

La feminidad y la masculinidad no son conceptos naturales, cerrados y fijos (como lo son los estereotipos), sino que son tipificaciones a través de las cuales las mujeres y los hombres se reconocen como sujetos de esta identidad. En su constitución intervienen las identificaciones particulares de cada individuo, es decir, la subjetividad, y los valores y los estereotipos dominantes en las instituciones sociales.

El estudio de las representaciones de género en los medios de comunicación ha generado suficientes investigaciones como para poder afirmar que los hombres están mejor valorados que las mujeres (J. Francisco Morales, 1992). Se asocia al estereotipo masculino características instrumentales y de actividad, como agresividad, independencia y competitividad y, al femenino, características comunicativas, como la afectividad, la dependencia y la preocupación por los demás. A pesar de la igualdad formal, los estereotipos de género siguen sirviendo a la causa de la discriminación sexual.

¿Cómo operan los estereotipos?

Son construcciones lingüísticas que utilizan las metáforas, las metonímias, los dichos y las adjetivaciones como recursos para apelar al repertorio de arquetipos que forman parte del imaginario social. Habitualmente son modelos que se presentan en una doble vertiente, positiva y negativa. De manera que la descripción de un estereotipo positivo proyecta una sombra negativa que recuerda a la persona la dualidad de la imagen. Una dualidad clásica es la de la virgen y la «puta», y una de las elaboraciones misóginas más conocidas es la de la mujer como un ángel de pureza o como la incitadora del pecado. Este funcionamiento dicotómico en los estereotipos que afectan al género femenino permite que, utilizando inclusive un estereotipo positivo, el fondo del inconsciente lo descodificará añadiéndole una contrapartida negativa.

La comparación dual también se puede producir a partir del estereotipo masculino, de manera que las características masculinas se definen en positivo y las femeninas en negativo. Un viejo axioma freudiano asegura que los hombres son activos, las mujeres pasivas y, aunque cada vez es menos probable que alguien manifieste un estereotipo desfavorable para las mujeres, no es nada infrecuente oír decir que los hombres son racionales y las mujeres emocionales o que la objetividad es masculina y la subjetividad femenina.

El estereotipo de la ausencia

Como todo el mundo sabe, tan significativo es aquello que se dice como lo qué no se dice. Para referirnos a la producción informativa, nos importa saber qué y quién apareció en los medios, pero también nos puede proporcionar datos la ausencia de temas y de personas. En el caso de las mujeres, apenas representan el 10% de las menciones de personas que se hacen en los periódicos de información general o, aportando más datos, en un estudio elaborado en 70 países, según Monique Trancart (1996), las mujeres aparecen en los medios de comunicación escritos y audiovisuales en un 17%.

¿Por qué no aparecen más mujeres?, se pregunta una persona perspicaz que no se conforma sólo con las apariencias. Los directivos y algunos responsables de los medios de comunicación argumentarán que las mujeres todavía no ocupan lugares de responsabilidad en la sociedad y que, por tanto, no tienen las mismas posibilidades que los hombres. Pero el estereotipo aguarda emboscado para apoderarse de la imaginación. Claro, se dirá, como que los medios de comunicación ofrecen una visión del ámbito público, es lógico que las mujeres no aparezcan, porque ellas todavía pertenecen al territorio privado. La dicotomía público/privado sigue operando como un cliché persistente (y ya conocemos de sobra la diferencia entre un hombre público y una mujer pública).

46

Superoferta de imágenes: nuevas y viejas, todas al mismo precio

En estos momentos los medios de comunicación facilitan una diversidad de imágenes con las cuales las personas pueden identificarse. Por lo que respecta a las construcciones de género femenino, conviven las más tradicionales con las nuevas versiones de feminidad. Así, las amas de casa, o su heterónimo (que cumple la regla del empeoramiento semántico cuando se refiere a las mujeres), *las marujas*, ven reflejadas sus funciones como esposa, como nos indica el pie de la foto publicada en *El País* (6/10/1996): «Rafael Guerrero Alonso, en su casa, detrás de la ropa de juez de línea, tendida por su esposa». He aquí como el inconsciente patina y a la vista de ropa tendida, proyecta la imagen de una fiel y sumisa mujer que hace los quehaceres domésticos. Una información, además, del todo irrelevante cuando se está hablando del error de

C. HERNANDEZ

Rafael Guerrero Alonso, en su casa, detrás de la ropa de juez de línea tendida por su esposa.

47

un árbitro en un partido de fútbol, como era el caso, y que además contradice el principio de economía en el lenguaje.

Un texto titulado «Desde Internet con amor», *El País* (7/10/1998) explica las cualidades deseables por los norteamericanos en una esposa: «Les gustan las rusas porque son guapas, rubias, inteligentes, con un alto nivel de educación, sumisas, dependientes del marido y jóvenes», toda una mezcla de viejas y nuevas lecturas. Pero, al lado de esta imagen de esposa, se contrapone otra mucho más inquietante, la de la esposa asesina y malvada, como en este titular de *El País* (4/11/1998): «29 años de cárcel para la 'viuda negra'». La metonímia de la *mantis* se utiliza cada vez que una mujer mata a su marido con una supuesta premeditación y, en cambio, nunca se da en versión masculina, a pesar de que la estadística nos indica que el número de mujeres muertas a manos de sus maridos es infinitamente superior que a la inversa.

El otro cliché tradicional es la maternidad: «Alicia Ninou aparece feliz con su hija Paula poco después de dar a luz», *La Vanguardia* (22/11/1998). La imagen informativa que se expresa con este pie de foto se está sustituyendo por la imagen de una portadora anónima de embriones que se usa como receptáculo de experimentación en biotecnología. Un ejemplo es este titular: «EUA intenta fecundar dos mujeres estériles con genes de otra fértil», *El Periódico de Catalunya* (11/10/1998). Las imágenes de la maternidad dolorosa y sufrida nos llegan de los países que padecen desastres naturales: «Una madre abraza a su bebé en el campo de refugiados de Ciudad Sandino» en *El Periódico de Catalunya* (8/11/1998), o en situación de guerra: «La madre de Suleiman Tahayneh, uno de los terroristas suicidas, sostiene la foto de su hijo», *El Periódico de Catalunya* (8/11/1998). La cara obscura de las funciones de cuidado maternal que, por extensión, se adjudican a las enfermeras, una profesión muy vinculada a las cualidades de la maternidad, aparece cuando una enfermera interviene activamente en la eutanasia de sus pacientes, como en este titular de *El País* (2/8/1998): «Santa o asesina». Siempre la ambivalencia de la imagen, benéfica y amenazadora, mientras que cuando se trata del mismo caso pero en versión masculina, se le denomina de forma unívoca Doctor de la Muerte y se informa bajo el epígrafe Eutanasia con este titular: «Un doctor australiano explica a sus enfermos terminales cómo morir», *El Mundo* (7/10/1998). Y todavía un titular del todo neutro: «Un médico británico, acusado de matar ancianas y quedarse con la herencia», *El País* (9/10/1998).

Una reformulación moderna del estereotipo familiar se expresa en este titular: «Una abuela en la mina», *El País* (25/11/1998), que informa sobre la admisión de una trabajadora de 58 años de edad en una empresa minera. La atribución de parentesco resalta hasta qué punto está descolocada esta mujer, que en lugar de estar en casa teniendo cuidado de sus nietos y nietas —no sabemos si tiene— se va a trabajar a los pozos mineros. Es un ejemplo más de asimetría en el tratamiento informativo que reciben hombres y mujeres, ya que resulta impensable que si el protagonista de la noticia hubiese sido un hombre de 58 años (edad en la que los mineros están jubilados), apareciese un titular que dijera. «Un abuelo en la mina».

La potencia sexual y la virilidad es un estereotipo masculino, como ha demostrado todo el alboroto que ha provocado la Viagra, un aspecto al que apela este titular: «El desodorante debilita al hombre», *El Mundo* (8/10/1998). El artículo explica que un componente de los cosméticos puede afectar al «aparato reproductor masculino», si bien la periodista concluye que «Las culpables, en última instancia son las mujeres» por utilizar cosméticos cuando están embarazadas, aunque resulta que las mujeres son las más perjudicadas por este agente químico que provoca un aumento del cáncer de mama. O sea, que lo que había que hacer era tocar este timbre de alarma, siempre tan efectivo, de la impotencia masculina, aunque fuera poniendo el acento allí donde no hacía falta.

La seducción, la belleza y el atractivo son las tres gracias que se identifican con el patrimonio femenino, a veces combinadas con la edad, para recordar que este ideal no lo tenemos que perder nunca de vista: «Generación 60» con el subtítulo: «Bellas y seductoras, las nuevas maduras rompen el tabú de la edad», *El País* (18/9/1994). Sería impensable una página como ésta, al menos en la información diaria, dedicada a la «belleza y seducción que ostentan los hombres maduros», y con ejemplos de actores, políticos, escritores, etc. que todavía están de buen ver a los 60 años, como se hace con las mujeres en el artículo citado.

Pecar de ambiciosa

He aquí un nuevo estereotipo que desvela inquietud y malestar, atendiendo a la respuesta tan contundente que se puede encontrar en los papeles. Bajo el título «El mando de la teniente Moreno», *El Periódico de Catalunya* (12/8/1998), se nos explica que: «Guardias civiles, tal como reconoce la joven oficial, no pueden reprimir gastar bromas sobre el hecho de tener a una mujer ante la que cuadrarse». Si analizamos el texto, encontramos este adjetivo «joven», que actúa como marcador sexista y valoración de inmadurez para a continuación, justificar la falta de respeto hacia un cargo ostentado por una mujer.

El titular «Una Barbie para presidenta», el Dominical de *El Periódico de Catalunya* (5/4/1998), encabeza el artículo donde se explica la trayectoria personal de Irene Sáez y donde se puede leer este pie de foto, claramente ofensivo: «Juguete político. La muñeca Irene llegó a las jugueterías de Venezuela en 1996. La de carne y hueso quiere llegar a la presidencia el próximo diciembre». *La Vanguardia* (1/3/1998) también parece decidida a apostar por el desprestigio de esta política que, por cierto es licenciada en Ciencias Económicas, con este enunciado: «La Barbie de hierro» y esta entradilla: «Irene Sáez, ex Miss Universo y alcaldesa de un distrito de Caracas, puede llegar a presidenta de Venezuela sin tener que dedicarse a la política». Está visto que la famosa imagen que se popularizó con Margaret Thacher y que hizo fortuna, la tendrá adjudicada ahora cualquier mujer que eche adelante su cargo de manera decidida: el hierro, en contraposición a la fragilidad que se espera de las mujeres. En una investigación desarrollada por el equipo Factam (1992) para el Instituto de la Mujer y que se centra en los nuevos estereotipos de las mujeres empresarias, se indica que, al lado de las viejas ideas según las cuales las mujeres no sirven para mandar, aparece la supermujer, un nuevo estereotipo que apunta que la mujer directiva es mejor que el hombre porque reúne mayor cantidad y cualidad de valores masculinos. Siendo ésta la contrapartida de la ambición: las mujeres, como en el deporte, o son muñecas o bien se masculinizan, adoptan los rasgos viriles y se convierten en réplicas inquietantes de los hombres y, de pasada, se desvalorizan como mujeres, dificultando la identificación para las mujeres jóvenes con expectativas profesionales.

Pero una pieza, paradigmática de la descualificación de la ambición femenina es la crónica de *El País* (26/11/1998) titulada «El adiós ambicioso de una estrella», sobre una Consejera municipal de Girona, Natalia Molero: «(...) confiando buena parte de su seguridad al atuendo vestido para la ocasión, un elegante traje chaqueta de color gris de alguna marca selecta, y al esfuerzo de una postura deliberadamente ingenua (...)». Una vez se nos ha informado de una cuestión tan fundamental como es el vestuario y la actitud, el cronista pasa a explicar las razones de su actividad: «(...) su presencia física sabe turbar y confundir; quizá ahí radique la explicación de su fulgurante carrera en la cosa pública en poco más de seis años, desde la redacción de los horarios de los programas televisivos para un periódico de la ciudad hasta el regalo del cargo vigente». En fin la pieza utiliza todos los recursos para desvalorizar, ridiculizar, poner en duda e inclusive señalar obscuras maniobras: «(...) ha avanzado a pasos agigantados en la selva del poder (...)». Todavía, y hasta ahora, no habíamos podido leer nunca un artículo dedicado a un jovenzuelo de la política que nos explique cuáles han sido sus maniobras para hacerse un lugar en el partido, o ¿ quizás es que a los hombres no les hace falta?

Y después existen las que detentan el poder en la sombra, gracias a la influencia sobre los hombres, como indica un avance del título de *El Periódico de Catalunya* (8/11/1998): «Christine Deviers-Goncourt, llamada la Mata-Hari parisiense, asume en la obra el papel de tráfico de influencias (...) y también que utilizaba su relación sentimental con el ex-ministro Roland Dumas», o el caso de la becaria y el presidente de los Estados Unidos que ha recibido nombres peyorativos en la mayoría de los medios de comunicación. O el retrato que se hace de Isabel Preysler comparándola con la Pompadour en un *Magazine* de *La Vanguardia* en donde se explica que: «Habla bien de sus tres maridos que es algo que sólo están en disposición de hacer aquellas mujeres que piensan que el amor es una letra al portador y el divorcio, un talón devuelto».

Una adjetivación nada inocente

En el periodismo los adjetivos sólo deberían ser utilizados cuando se aporta información significativa, al menos esto es lo que nos indican las buenas prácticas periodísticas. Debería analizarse si cuando se utilizan los calificativos para las mujeres se añade, con ellos, algún dato importante que explique el artículo. Un ejemplo de lo dicho lo encontramos en el texto que informa de la renuncia a su cargo de un obispo escocés que huyó con «una de sus más devotas feligresas, la atractiva Kathleen MacPhee, una mujer divorciada de 40 años, madre de tres hijos». ¿Qué objetivo cumple aquí «atractiva», especialmente si se tiene en cuenta que no hay ninguna fotografía, evidentemente, hemos de creer al corresponsal que nos lo dice? Pues bien, el razonamiento es sencillo: si todo un señor obispo huye de sus altas responsabilidades, debemos suponer que la mujer que lo ha incitado tiene que ser, como mínimo atractiva, una manera sutil de demostrar quién es «la culpable del pecado».

En los diferentes capítulos de este libro se reproducen las adjetivaciones que «adornan» a las mujeres: «rica y bella heredera», «bella sirena», «deliciosa cantante», en clara asimetría con los adjetivos dedicados al colectivo masculino, tanto por lo que hace referencia a la cantidad como a su clase. Según el estudio de Pedro A. Fuentes Olivera (1990) los adjetivos masculinos hacen referencia a la competencia y a la fuerza y los que se dedican a las mujeres se asocian a la fragilidad, la incompetencia y a la belleza.

Valores y creencias subyacentes en el uso de las metáforas

Podríamos extraer algunas conclusiones de la formación, valores y creencias de la profesión periodística, fijándonos solamente en las imágenes metafóricas que ilustran su trabajo. Hasta se podrían localizar algunas metáforas en cada sección del diario.

Así en la sección de Deportes, es frecuente encontrar la imagen de la muñeca, frágil, voluble, para las chicas deportistas y, también como contraposición, compararlas con camioneros, para indicar la ausencia de feminidad que delatan sus «Cuadríceps de dimensiones ciertamente varoniles». Las nadadoras son «bellas sirenas», en cambio los nadadores no son Neptunos y cuando los deportistas lloran delante de los medios, como hizo Amor —ex jugador del Club de fútbol Barcelona— cuando se despidió del Barça, el tratamiento es de lo más respetuoso.

En Sociedad y en el tema de los maltratos, se cita un estereotipo que, como todos es muy simplificador «Víctimas contra verdugos», *Sur* (7/8/1997), o «Pobre víctima» y «Maldito verdugo» en dos perfiles de *El Mundo* (31/8/1997), o en el título de la editorial de *El Periódico de Catalunya* (15/2/1977): «La vida con un verdugo en casa». Las mujeres en su papel, sufrido y masoquista, y los hombres atacados de estallidos de testosterona y misoginia, son las explicaciones que ofrecen estos clichés.

Siguiendo los datos del estudio ya citado (Monique Trancart, 1966) según el cual las mujeres aparecen como víctimas en un 35% de los casos, mientras que los hombres se presentan en el mismo rol en un 10%, habría que reflexionar sobre de qué repertorio de explicaciones, metáforas y estereotipos nos servimos para construir la información y la opinión en los medios.

Como hemos argumentado hasta ahora, los estereotipos forman parte del imaginario social, pero no son una reserva fija para hacer uso sin reflexión. Estas imágenes van cambiando, según las épocas y las situaciones históricas, y utilizar clichés que pertenecen al pasado o que resulten ofensivos para las personas contribuye a mantener la discriminación entre los diferentes colectivos y no favorece al objetivo al que tendría que aspirar el periodismo, que es aportar explicaciones significativas de las situaciones, de los acontecimientos y de las personas en su tránsito vital.

Desenfocadas, fuera de campo o en plano detalle

Hasta ahora hemos hablado de la representación que se hace de las mujeres exclusivamente en los textos. Hemos visto como aparecen citadas y tratadas, pero es importante también ver esto mismo en el apartado iconográfico: fotografías, chistes, infografías e ilustraciones varias.

Nos centraremos en el contenido gráfico, pero antes haremos un poco de memoria de la presencia de las mujeres en las imágenes que aparecen en la prensa. Para hacerlo recuperaremos, una vez más, los datos que aparecen en el estudio *Gènere i informació* (1998). La autoría de fotógrafas representa el 6,55% frente al 39,67% de fotos hechas por fotógrafos. Por lo que se refiere al protagonismo iconográfico, las mujeres representan el 8,80%, los hombres el 66,68% y las imágenes donde aparecen grupos mixtos el 16,66%

De entrada, ya se comprueba que la posición delante y detrás de la cámara no es nada ventajosa, dada la importancia que tiene la iconografía para la información. Su atractivo hace que esta especie de lenguaje sea el primero que nos entra por la vista; suele hacer una lectura de impacto y, a menudo, depende del tipo de grafismo que se acabe leyendo la información o se pase por alto. Sobre todo desde que se han extendido las infografías (dibujos y gráficos que esquematizan las informaciones), es habitual pasar de largo de la grisura del cuerpo del texto.

De igual modo, las fotografías y demás material gráfico no se eligen al azar. Detrás de su elección hay una clara intencionalidad, justamente para favorecer el consumo de la información a la que acompaña, pero también hay otra, puede que inconsciente, y es la que impide romper con el sistema de estereotipos que marca la producción informativa de nuestra sociedad y la que pone trabas a una representación más plural de la realidad en los medios de comunicación.

Si damos una ojeada a las fotografías de cualquier diario de información general que se edita en España —y sin necesidad de utilizar una lupa— podemos observar una gran homogeneidad en la selección y, también en la creación hecha a partir de la imagen, que tiene como consecuencia un enfoque parcial y desvirtuado del colectivo femenino.

Para analizar estos materiales hay que preguntarse en primer lugar: ¿A quién se dirigen?, ¿quién los elige?, ¿por qué se escoge una fotografía y no otra?, ¿las mujeres que aparecen son representativas de la mayoría de las mujeres de la sociedad?, ¿a las mujeres que leen el diario, les gusta verlas así?

Vayamos por parte y hagamos un análisis más detallado que nos permita dar respuesta a todas estas preguntas que, de momento, pueden suponer un enigma.

La mujer invisible

De la misma manera que en los textos informativos sorprende la invisibilidad de las mujeres practicada con múltiples recursos, y ejemplificada por los genéricos masculinos, en la imagen gráfica también se da este mismo fenómeno.

En el caso de la iconografía se pueden detectar dos maneras diferentes. Por un lado, cuando las mujeres aparecen flanqueadas por hombres de una cierta fama o protagonismo, como es el caso de la fotografía aparecida en *El Periódico de Catalunya* (20/10/1998). El pie de foto dice: «Joaquín Almunia (izquierda) conversa con Josep Borrell en el Club Siglo XXI, ayer por la noche en Madrid». La primera pregunta que se nos plantea es: ¿Quién debe ser la mujer que conversa con los dos y que está justamente en medio de ellos? Y no es que sea una mujer poco conocida, sobre todo después de haber ganado el último premio Planeta: es Carmen Posadas. ¿Por qué no se la menciona?

Otro ejemplo de invisibilidad la encontramos en *El País* (7/10/1998). En la imagen se ve en primer término, a la izquierda, una mujer, al lado tiene a un hombre —José Antonio Ortega Lara— y detrás se ven borrosas tres figuras: dos mujeres que ríen y un hombre —con la cabeza medio cortada por el encuadre–. Y el texto que acompaña a la fotografía es el siguiente: «José Antonio Ortega Lara, secuestrado por ETA durante 532 días, y su padre, en segundo término, ayer en Vitoria».

¡Qué peripecia ha tenido que hacer quien haya redactado este pequeño texto! Ha tenido que precisar mucho la ubicación para no tener que citar —puede ser por desconocimiento— a la mujer que hay al lado de Ortega Lara.

Hay que explicar que estas dos fotografías son de agencia y que los dos medios que hemos mencionado no fueron los únicos que las publicaron prácticamente de la misma manera.

Nos fijaremos ahora en otro tipo de invisibilidad. Está representada por las imágenes de grupo y sería el equivalente exacto del genérico masculino en el lenguaje escrito. Veamos dos claros ejemplos: «Reunión de propietarios en una comunidad de vecinos de Terrassa», éste es el pie que acompaña a la foto aparecida en *El Periódico de Catalunya* (9/11/1998), en ella aparecen, ocho mujeres y dos hombres. O este otro de *La Vanguardia* (5/10/1998): «Ciudadanos moscovitas esperan su turno para comprar pan en una tienda ambulante». En este caso, en la imagen, se ve un camión cargado de pan con dos hombres que despachan delante de una cola formada por trece mujeres y un solo hombre.

Es posible que en estas dos ocasiones que acabamos de citar hubiera sido más fiel a la realidad utilizar el femenino: *propietarias y ciudadanas*. En cualquier caso, para no herir susceptibilidades se habría podido buscar alguna alternativa más neutra como *vecinos y vecinas propietarias y moscovitas o habitantes de Moscú.*

Estos casos evidencian que las mujeres, a menudo, aparecen desenfocadas en las imágenes de los medios de comunicación, un hecho que patentiza una gran falta de sensibilidad, pero que por desgracia no es el único.

Cambio de sexo

A pesar de los grandes avances tecnológicos experimentados en el campo de la imagen, en la prensa, una fotografía es, todavía, el reflejo de una realidad. La manipulación informática todavía no se ha implantado definitivamente en las redacciones en su función creadora. Excepto en contadas ocasiones claramente especificadas, solamente se manipulan las fotografías para adaptarlas a la medida deseada y a veces, para resaltar algún detalle que podría pasar desapercibido y que es necesario para la compresión de la noticia.

Por eso es incomprensible como ante la evidencia que representa una fotografía, se puede incurrir en faltas tan graves como la de cambiar el sexo de las personas que aparecen, básicamente cuando son mujeres.

Si bien cuando se trata de grupos mixtos es una cuestión de voluntad explícita el buscar alternativas al genérico masculino —como ya hemos visto en el epígrafe «La invisibilidad de las mujeres: el uso del genérico masculino»—, cuando se habla de grupos homogéneos, no tendría que presentarse ninguna duda a la hora de citarlos.

En el diario *ABC* (5/10/1998) aparece una información ilustrada con una fotografía del interior de una tienda. Se ve a una dependienta y a unas compradoras, en cambio el pie de foto dice: «Vecinos de Churriana hacen sus compras en uno de los comercios participantes en el ensayo».

Éste no es un caso excepcional. En *El Periódico de Catalunya* (30/10/1998) en una información sobre el huracán Mitch se dice: «Unos campesinos se desplazan huyendo de las inundaciones provocadas por el huracán en Nicaragua». En la foto aparecen claramente visibles cuatro mujeres cargadas de paquetes atravesando una zona inundada. No hay ni un solo hombre.

En el *Avui* (8/10/1998), una gran fotografía encabeza la página que habla de Kosovo. El pie que la acompaña explica que: «Refugiados albaneses en el campo de Krisna Reka, al sur de Pristina, hacen cola para recoger agua», cuando la verdad es que no se ve a ningún refugiado, todas son refugiadas.

Está claro que falla alguna cosa. Es más, esta relación automática entre grupo-genérico masculino es tan inconsciente, está tan profundamente arraigada y asumida, que resulta difícil de detectar por quien revise las páginas, si no lo hace con una cierta de sensibilidad.

Un caso diferente es, por ejemplo, el que aparece en *El Periódico de Catalunya* (31/10/1998): «Un técnico trabaja sobre un fragmento de pintura en la torre medieval de Basea». ¿Un técnico? Aún estando de perfil se ve claramente que se trata de una mujer y que, por lo tanto, es una técnica.

Teniendo en cuenta todos estos ejemplos —que sólo son una mínima parte de los que se pueden encontrar en la prensa diaria— se puede afirmar que las mujeres no solamente salen desenfocadas, sino que en estos casos quedan totalmente fuera de campo, incluso aún estando en el punto medio del objetivo cuando se disparó la foto.

Las mujeres como objeto: sexual y de deseo

Alguien puede decir que la mayor parte de los periódicos están dirigidos por hombres de mediana edad que se sienten obligados a animar sus páginas con mujeres jóvenes y guapas. Y a juzgar por las apariencias, esta afirmación, no está desencaminada.

Bromas aparte, hay una diferencia apreciable entre la mirada gráfica que recae sobre las mujeres comparándola con la que retrata a los hombres.

Sí existe una mínima posibilidad de que pueda aparecer una mujer guapa, elegante, seductora, con poca ropa, provocativa... el flash nunca falla. Y no hace falta que se trate solamente de personas, también valen símbolos eróticos o caracterizaciones femeninas en las ilustraciones.

La perpetuación de los estereotipos, es si cabe, más destacada en el lenguaje iconográfico que en el escrito, probablemente por aquello de que una imagen vale más que mil palabras.

La *sinuosidad de las formas femeninas* — por exceso o por defecto— es la gran protagonista de las fotos en donde aparecen mujeres, siempre y cuando, claro está, no se las trate de víctimas.

En muy contadas ocasiones podemos ver en portada noticias correspondientes a Cultura o Sociedad, y más raro es encontrarnos con fotografías referentes a estas secciones. Una excepción clara, por ejemplo, es la enorme foto a dos columnas de una guapísima modelo con un sugerente vestido de tirantes, muy escotado y que juega con las transparencias, aparecida en *El País* (13/9/1997), acompañada de un pie titulada: «Termina Cibeles y empieza Gaudí», en referencia a las dos pasarelas de moda más importantes de España.

El mismo periódico, *El País* (14/2/1998), utiliza otra vez este recurso, pero en esta nueva ocasión aparecen dos modelos, una de cara y la otra de espaldas, las cuales lucen dos vestidos de punto de pana ajustadísimos, que no dejan de reseguir ni una sola de las líneas de su cuerpo. El pie de foto, es más o menos, como el anterior: «Cibeles cierra sin excesos». La elección de estas imágenes probablemente no ha estado en función de la importancia de la noticia, sino seguramente para conseguir un plus de atractivo para el lector.

Frecuentemente, la marcada intencionalidad de las fotografías deja de ser subliminal para rayar en la específica grosería y las imágenes se utilizan para crear asociaciones de ideas que nos remiten al más rancio pasado.

Otro ejemplo es la portada de *El País* (3/3/1998), esta vez en la sección «Cataluña». Es una foto horizontal a cuatro columnas y muy artística, por cierto: una mujer joven y guapa, con un típico sombrero cordobés en la cabeza, *top* y minifalda, pasa por delante de cuatro o cinco hileras de jamones colgados. El titular especifica: «Los jamones y el aceite de oliva, grandes protagonistas de Alimentaria». ¡Otro flash oportuno!

Ejemplos hay a montones. *El Mundo* (11/10/1998), ilustra la noticia titulada «Retenida una exposición india por usar especies en extinción», con la fotografía de tres chicas de la isla de Pascua uniformadas con el traje típico, es decir, con un cuerpo de bikini adornado con flores y una faldita hechas de tiras de tela. El pie da la excusa perfecta para ligar la imagen al resto de la información: «Una delegación de la isla de Pascua hizo una demostración de danzas típicas de su tierra». Y leyendo el resto de la noticia se puede comprobar que estas chicas de Pascua no son una especie en extinción, sino que formaban parte de unas jornadas sobre culturas indígenas americanas celebradas en Barcelona.

En *El Periódico de Catalunya* (12/9/1998), se lee un impactante titular: «Benetton activa a los disminuidos psíquicos» junto a él una fotografía en la que se puede ver desde el abdomen a los muslos de una mujer en bikini, echada sobre una sutil tela satinada. Un hombre en miniatura, con apariencia de jardinero, le corta el vello púbico con una segadora de hierba.

Esta imagen podría activar a cualquiera, pero resulta que pertenece a otro titular: «Francia protesta por las imágenes de las vallas publicitarias de Kookai» y se comprueba que justamente esta foto activadora es el objeto de las protestas. Sólo hace falta leer las diez líneas que siguen al pie. Un ejemplo muy paradigmático de la frase supratextual de la producción informativa.

De este calenturón erótico no se escapan ni las páginas de ciencia. Pero resulta curioso observar como hasta la tecnología es capaz de reafirmar los estereotipos más arraigados.

En el suplemento Ciberpaís de *El País* (24/9/1998) figura una interesante información sobre óptica titulada «Los infrarrojos desnudan a la gente». Con el fin de dar crédito a la noticia, ésta va acompañada de diferentes fotografías: «Arriba, dos fotos con infrarrojos. Abajo, una prueba con cámara de infrarrojos: la camisa cubre la matrícula y la cámara permite leer los números de la placa».

Los infrarrojos **desnudan** a la gente

Ciertamente, sin necesidad de ver las fotos en cuestión, este texto ya es bastante explícito para deducir que este fabuloso aparato fotográfico atraviesa la ropa y permite ver lo que normalmente va tapado. Pero este pequeño texto no especifica lo que se puede ver en las otras imágenes: en una, una mujer vestida, pero que realmente parece desnuda; en la otra, una pareja paseando: la chica, a pesar de llevar un *top* y pantalones cortos aparece completamente desnuda, en cambio, al chico no se le adivina ni un pelo del pecho. ¿Es posible que prevenido llevara la ropa de plomo?

Seguramente es en los deportes donde se puede comprobar mejor la libinosidad que traspasan las imágenes que acompañan a determinadas informaciones. También es cierto que no siempre los únicos responsables son el que hace la foto o el que la elige. A menudo es la misma noticia la que conduce inexorablemente al objetivo.

Un ejemplo claro lo encontramos en *El País* (9/11/1998): «El atractivo del deporte». El subtítulo, es bastante explícito: «El voleibol, primera modalidad que premia a las jugadoras con indumentarias ajustadas y multa a las que visten holgadas».

Está claro que esta crónica se tendría que ilustrar, precisamente, con fotografías de jugadoras vestidas con un equipo ajustadísimo, como una segunda piel. Pero no se hace con una, sino con cinco, pertenecientes a diversos deportes y solamente en una de las imágenes las camisetas de las jugadoras son amplias. Unas fotografías, sin duda, muy adecuadas y correspondientes con el contenido.

Este conjunto de ejemplos lleva a una conclusión, la de que no hay un término medio en el tratamiento iconográfico de las mujeres, que pasa de la invisibilidad al plano de detalle sin ningún escrúpulo ni esfuerzo.

La antítesis del cliché

El valor de una fotografía periodística radica, entre otras cosas, en la espontaneidad, en la capacidad de apretar el botón en el momento justo, en ofrecer una mirada diferente y fuera de la norma, en definitiva, en la capacidad de impactar sea cual sea el motivo: pescar a un político con el dedo en la nariz, disparar el objetivo justamente cuando se le baja el pantalón a un jugador de fútbol...

Hasta ahora hemos visto muchas imágenes impactantes, pero ahora descubriremos otras que destacan por un pretendido cambio de rol y por el reforzamiento de estos estereotipos que ya hemos citado tantas veces.

En la primera categoría —intercambio de roles— podemos incluir a la fotografía de *El País* (28/11/1998) que ilustra la noticia «Castristas y disidentes se enfrentan a golpes ante un tribunal en La Habana». La imagen refleja a dos mujeres peleándose, como dice el pie de foto: «Dos mujeres discuten a las puertas del tribunal de La Habana, poco antes de que se desataran los incidentes».

También en la de *La Vanguardia* (24/5/1998) que habla de la Viagra como fuente de conflictos en las parejas y donde se ve a una mujer derecha, en una posición claramente de dominio, una mano en la cintura, sonriente con cara maliciosa, y la otra mano haciendo bajar la cabeza de un hombre sentado encima de una cama con una actitud claramente de sumisión. El texto que la acompaña especifica que «La impotencia puede ser una experiencia muy destructiva cuando ya hay algún conflicto en la pareja».

Estos dos ejemplos, que pueden parecer tan diferentes, muestran igualmente el impacto de un cambio en el comportamiento que se supone habitual, la antítesis de un cliché.

Enmarcadas para la posteridad

El don de la oportunidad da un valor añadido a la imagen, aunque sirva para ridiculizar a las personas que salen en ella.

En *El País* (2/10/1996) aparece una crónica de la campaña de las elecciones británicas y se explica el relevo de John Major por Tony Blair. La fotografía que acompaña esta información, aparente-

IAN WALDIE (REUTER)
Blair baila con su mujer, Cherie Booth, en la fiesta escocesa de su partido.

mente tan seria, dice: «Blair baila con su mujer, Cherie Booth, en la fiesta escocesa de su partido». La imagen es sugerente: aparecen Blair, y detrás su esposa, que le coge las manos mientras ella baila (¿un charlestón?) despatarrada y con la boca tan abierta que parece desencajada. Francamente su patetismo haría reír si no fuese porque ridiculiza y pone en evidencia a una mujer reconocida por los medios de comunicación por su valía intelectual y profesional.

Otro caso procede de *La Vanguardia* (6/10/1998) y no es una fotografía sino un chiste: Unos obreros de la construcción que trabajan en una obra y que simbolizan a cuatro de los principales partidos políticos, entre ellos el presidente del Gobierno, echan piropos a una mujer de mediana edad, muy elegante, pero muy alejada de los cánones estéticos imperantes en la actualidad, y que simboliza la Constitución.

Los personajes dicen, a modo de ejemplo: «Me pones asimétrico, cachonda!» y «!Ven aquí, tía buena, que te echaré una relectura!». Evidentemente, un lenguaje que no se distingue por el más mínimo respeto.

VENTURA & EL BURLADERO

Marcando la diferencia

Hablar de diferencia en el trato, a estas alturas, no es introducir ninguna novedad. A pesar de todo, y ya que estamos en el apartado iconográfico, tampoco representa una repetición.

¿A cuantos hombres se les retrata en el gimnasio leyendo la prensa económica? No hemos encontrado ninguno; en cambio, si que hemos localizado «Una ejecutiva de una firma de la Bolsa de Nueva York lee el *Wall Street Journal* en el gimnasio» en *El Periódico de Catalunya* (3/9/1998).

Indefectiblemente y con excepción de las circunstancias que ya hemos comentado, las mujeres lloran y los hombres van a la guerra. Las imágenes, repetitivamente lo demuestran. Un caso bien explícito es el aparecido en *El País* (16/6/1998): «Los indígenas de El Bosque enterraron el sábado a los ocho muertos que dejó la policía y el ejército al desmantelar su municipio autónomo. Un grupo de mujeres llora (arriba), mientras los hombres (abajo) tratan de reconocer los cadáveres». Lo que resulta más destacable es, seguramente, la simultaneidad de las dos acciones marcada por el «mientras».

Otra imagen que deja también constancia de esto mismo es la infografía aparecida en *El Periódico de Catalunya* (19/6/1998) que ayuda a interpretar las cifras de la noticia titulada «las chicas catalanas abortan más». El dibujo, situado entre dos mapas de España llenos de números, representa a una chica embarazada que se limpia las lágrimas con las manos mientras un chico —supuestamente su compañero— la consuela acariciándole la cabeza y la barriga con ternura.

Otro caso evidente del diferente trato dado a las mujeres y a los hombres, queda patente en la revista de *La Vanguardia* (7/6/1998) donde aparece Esther Koplowitz, vestida de gala, con un vestido largo de satén y sin mangas, en una fotografía a dos columnas de página. El pie de foto dice: «El terremoto Esther. La mayor de las Koplowitz, morena y discreta, dedicada en buena parte a la educación de sus hijos, ha protagonizado en los últimos meses un terremoto que ha sacudido el mundo empresarial y económico del país». Hay que advertir que esta imagen forma parte de un reportaje completo sobre ella y su hermana titulado «El divorcio de las Koplowitz» y que las otras fotos escogidas muestran a

EL TERREMOTO ESTHER. La mayor de las Koplowitz, morena y discreta, dedicada en buena parte a la educación de sus hijos, ha protagonizado en los últimos meses un terremoto que ha sacudido el mundo empresarial y económico del país.

las dos mujeres en similares actitudes. Fuera de contexto nadie diría que son mujeres de negocios, más bien pasarían por *top models* en plena pasarela.

El álbum de las quejas

Los citados ejemplos son representativos de una mirada sesgada. El lenguaje iconográfico, más que el lenguaje escrito, por su propio carácter y con un alto contenido subliminal, denota un estancamiento evolutivo y obvia los cambios que se están produciendo de manera creciente en nuestra sociedad en materia de género.

Al proponer un lenguaje que tenga en cuenta las cuestiones de género en la iconografía, se propone un cambio radical en la mirada, pero sobre todo en la selección de imágenes. No se puede escoger una imagen de una manera subjetiva, ni tan siquiera siguiendo criterios puramente estéticos. Una fotografía de prensa, cualquier iconograma ha de servir para completar o dar soporte a una información; por tanto, ha de huir de los argumentos que no se correspondan con dicha información. Es necesario tener respeto por los personajes, sujetos y objetos de la información, y también por los consumidores y las consumidoras — las lectoras y los lectores de la misma. Aquí, más que en ningún otro momento de la producción informativa, es cuando es necesario preguntarse si se trataría de la misma manera una imagen masculina. Ahora hay que buscar las respuestas a la serie de preguntas que formulábamos al inicio este apartado.

La opinión: ¿un mundo aparte?

Opinar es uno de los derechos fundamentales del género humano defendido, por lo menos, en las sociedades democráticas. Es de sobras conocido el miedo que le tiene el poder a la capacidad de la ciudadanía para expresarse libremente. Una comunidad que puede opinar con libertad es más rica y plural que una comunidad donde este derecho está limitado. De la misma manera una persona que es capaz de articular libremente y racionalmente su parecer es alguien que puede administrar su vida de una manera más plena. Y esto, que parece tan sencillo, representa un obstáculo en muchos lugares del mundo, en muchos países y para muchas personas.

Las publicaciones han sido el lugar donde tradicionalmente algunas personas que tenían algo que decir —y un momento histórico, político o social adecuado para hacerlo— han expresado sus inquietudes, sus ideas, sus opiniones. De hecho, opinar ha sido el objetivo básico de muchos periódicos desde el momento de su nacimiento. La historia de la literatura y del periodismo está llena de ejemplos de mujeres y de hombres que se han dedicado a opinar sobre todo tipo de cuestiones, divinas y humanas.

No entraremos a discutir aquí el matiz de si la información contiene opinión. Nos limitaremos a constatar el lugar privilegiado que ocupa la opinión en todos los medios de comunicación. Nos referimos a la opinión explícita.

Por medio de las diferentes formas de opinar —ya sean tribunas libres, artículos de fondo, columnas fijas o esporádicas, editoriales, tertulias radiofónicas o televisivas, etc.—, las personas expresan sus convicciones, exponen en público sus formas de ver la vida, analizan los problemas que padece la sociedad, ponen de relieve diferentes puntos de vista, se interpelan y en definitiva, discuten y ponen en común todos los aspectos sobre los cuales pueden discutir, que son muchos.

No hay duda de que las personas dedicadas profesionalmente a la opinión, generalmente han llegado a lo que se considera la cima de la profesión periodística. Gozan del privilegio de tratar los temas que les preocupan y de sacarlos a la palestra y ante la opinión pública, de tener la iniciativa a la hora de elegir asuntos, que el resto de las personas pueden tener o no en cuenta en sus conversaciones. De hecho, los líderes de opinión pueden extraer los temas de debate que deseen o que les convenga debatir.

¿Las mujeres no tienen opinión o no se la piden?

Un dato interesante que podemos aportar de entrada sobre los medios escritos: los artículos de opinión firmados por mujeres representan el 7,04%, mientras que los escritos por hombres llega al 69,62%; un desequilibrio todavía más escandaloso que el de la información (12,40% hecha por mujeres, frente al 27,84% hecha por hombres). Sobre la opinión sin determinar género (editoriales y otros...) hay un 23,24% (*Gènere i informació,* 1998).

Si analizamos estos datos con más detalle: de 1037 textos de opinión, 73 están escritos por mujeres; 722 textos están firmados por hombres y 241 se publican sin firmar. Únicamente un texto está redactado por una pareja mixta. De los 73 textos firmados por mujeres, 23 corresponden a la sección de Cultura-Espectáculos; 18 a la sección de Opinión y 16 textos a la sección de Sociedad. Está claro que, el mayor número de textos de opinión firmados por mujeres figuran en aquellas secciones donde la presencia de menciones femeninas es más alta. En cambio, en la sección de Política hay siete textos firmados por mujeres; tres en la sección de Economía y dos en la sección de Deportes.

En cambio, los hombres acaparan la sección de Opinión con 323 textos seguidos de 153 textos en la sección de Cultura-Espectáculos y 101 en la de Política. Sigue Sociedad (59 textos), Deportes (37 textos) y Economía (24).

Como podemos observar, la disparidad numérica para manifestarse públicamente es tan grande que es difícil explicar por qué no tan sólo las mujeres firman menos artículos de opinión, sino que tampoco son sujeto de los artículos de opinión. Según el estudio citado, en la sección de Opinión las menciones masculinas representan un 91,50%, mientras que los nombres propios de mujeres que salen en este tipo de artículos es del 8,50%. Es decir, las mujeres firman pocos artículos de opinión, pero tampoco es frecuente escribir en ellos de ellas. ¿Puede llamarse democrático e igualitario un mundo en el que menos del 10% de la mitad de la sociedad puede expresarse y ser expresado en los debates públicos?

La traición del subconsciente

Cuando se habla, muy a menudo salen a la superficie viejos y desgastados patrones de género de los cuales muchas personas seguramente no se sentirían ni orgullosas ni identificadas, si no fuese debido a una traición del subconsciente. Naturalmente, cada persona es responsable de sus opiniones y no nos corresponde a nosotras acuñar una forma de escritura, pero sorprende, por ejemplo, encontrar retratos de mujeres relevantes repletos de consideraciones familiares, filiales y amorosas, etc., como si las cualidades, virtudes o méritos propios no contasen para nada y estas mujeres fuesen solamente usufructuarias de las cualificaciones a través de personas interpuestas.

Así, *El Periódico de Catalunya* (11/11/1998) hace un retrato de la dirigente socialista Cristina Narbona: «Porque Narbona, como se sabe, es la compañera sentimental de Josep Borrell, candidato del PSOE a la presidencia del Gobierno. Fue ella, el pasado junio, la que fue a comunicar a los periodistas la muy sólida relación amorosa». Más adelante la califican de «candidata consorte», además de decir que es la hija del periodista Francisco Narbona y, a pesar de ponderarse sus cualidades, toma bastante más relieve Josep Borrell que ella misma.

En una crítica sobre un concierto de Tina Turner en *El País* (19/9/1996) se puede deducir que la cantante no es, precisamente, santo de devoción del periodista, respetable por otro lado, pero nos preguntamos si hubiera tratado de la misma forma a un rockero como Mick Jagger, que más o menos, es de la misma generación que Tina Turner. Dice así: «Tina se cambió varias veces de vestuario, vestuario que mantuvo ese improbable aire juvenil y minifaldero con el que Tina se presenta como una abuela inverosímil». Más adelante, después de señalar que la artista tiene ya bastantes años, dice: «La eterna juventud pude lograrse en las sesiones de fotos, pero defenderla sobre un escenario es algo más complicado, por mucho que la estrella corteje a los músicos como si de una adolescente se tratara». Una señora que podría convertirse en modelo a seguir para tantas mujeres que llegando a la cincuentena, se las retira de la circulación, resulta que es una abuela pasada de moda, «una briosa mujer que se niega a aceptar las leyes de la biología».

Y para acabar este pequeño muestrario, en un artículo en el *ABC* (21/9/1996), titulado «Las pinturas de la Pedrera», se habla de tres artistas: Xavier Nogués, Iu Pasqual y Teresa Lostau. De los dos hombres se da una biografía bastante completa para situarnos adecuadamente en cada uno de ellos. De ella se dice que no se tienen muchas referencias, y se reproduce un texto de otro autor en donde se dice: «La pobre Teresa Lostau se hallaba entre los asalariados en este triste trabajo y bien pronto sintió por Xavier Nogués una fuerte simpatía que terminó en amor y matrimonio». Después el autor del texto continúa diciendo: «Parece, pues, un final relativamente feliz. Yo alcancé a conocerla, ya viuda, y conseguí comprarle un grabado de su marido...». En fin, no sabe nada de ella y para redondearlo el grabado que le compra ni tan siquiera era de ella...

En definitiva, cada persona es libre de elegir las imágenes, las comparaciones y las figuras literarias que considere más oportunas, pero ¿sería pedir demasiado que cuando se hable o se escriba sobre mujeres, se destaquen otros datos que no sean los únicamente relacionados con la filiaciación paterno-amorosa y si están o no en *edad de merecer*?

Pocas, tarde y nunca

Si bien es cierto que las mujeres se han incorporado tarde a la vida pública, y eso explica en parte, la ausencia femenina de los escenarios informativos, creemos que, por lo que hace a la capacidad de opinar, esta diferencia no se justifica únicamente por el proceso de incorporación más reciente. En el mundo de la cultura, del arte, de la docencia, de la medicina, de la investigación, etc., hay muchísimas mujeres que pueden opinar y nutrir con solvencia las páginas de opinión de los medios de comunicación. Lo que ocurre es, que cada vez más, es necesario concederle autoridad y respeto a esa opinión hecha por mujeres, y no arrinconarla, para que solamente puedan expresarla el 8 de marzo.

Por lo que respecta a la opinión, los periódicos cuentan con una plantilla de personas que colaboran de una manera fija o esporádica y con las cuales suelen trabajar habitualmente. Hay también aportaciones espontáneas, no pedidas expresamente —éstas son escasas— y otras veces los responsables de la sección de opinión encargan a la persona adecuada la elaboración de un texto sobre un tema determinado. Pues bien, hace falta que estos responsables —y las pocas responsables que hay— se den cuenta de la importancia que tiene para la audiencia disponer de un amplio abanico de opiniones lo más extenso posible. Y hace falta, asimismo, que se esfuercen en buscar a las personas más capacitadas para que puedan opinar y hacer llegar, nunca mejor dicho, a la opinión pública textos escritos por hombres y mujeres, por mujeres y hombres, en un mayor grado de igualdad.

Todo de lo que no se habla, no existe. Seguramente las mujeres con una experiencia vital diferente y trayectorias también diferentes, pueden ofrecer visiones diversas de los mismos problemas; aportaciones complementarias o contrapuestas, pero siempre necesarias para continuar mejorando la vida colectiva de la sociedad en donde nos ha tocado vivir y convivir.

También es necesario decir que a las mujeres, quizás, nos falta empuje para dirigirnos a los medios de comunicación con artículos de opinión. Opinar es un acto de valentía. Y también un ejercicio con riesgo: quien opina se expone en público ante personas que no necesariamente se identificarán o encontrarán, a lo mejor, acertado lo que se dice; hace falta exponerse a la crítica, a la discrepancia y al juicio ajeno.

Pero las mujeres somos adultas para aceptar las consecuencias de este acto de libertad. Por tanto, los medios de comunicación, tienen que incorporar más mujeres en sus listas de colaboraciones. *Haberlas, haylas.*

La audiencia, mucho más que estadísticas

Sí hasta ahora hemos entendido que la mirada informativa se centra en los actores y actrices protagonistas de un escenario informativo global que es el mundo, también debemos comprender que, al igual que en cualquier representación teatral o película, nada tiene razón de ser sin el público, que en términos de comunicación recibe el nombre de audiencia.

Hoy día, la importancia de la audiencia —y la necesidad de medir el alcance cuantitativo de los medios de comunicación— lo justifica todo. De hecho se convirtió en cuestión prioritaria desde que la publicidad se convirtió en el principal aval económico del sector periodístico (Guadalupe Aguado,1996). Al aumentar las empresas anunciantes sus inversiones publicitarias, también se exigió a los *mass media* garantías de extensión y rentabilidad ante las considerables sumas de dinero.

Esta coyuntura, que en el pasado derivó en una batalla entre editoriales que querían demostrar los avances de sus cabeceras como soporte publicitario, en la actualidad se ha convertido en una guerra de audiencias y ha derivado en un fenómeno generalizado en todos los medios de comunicación. Cualquier acto es posible y se permite para conseguir audiencia. Radio, televisión, prensa, cine, terminales interactivas, sistemas de videotexto, Internet, etc. han sufrido, en unas circunstancias u otras, el efecto de la lucha por la audiencia. ¿Quién no ha podido comprobar y sufrir como su serie preferida de televisión se suspendía para emitir una película de riguroso estreno televisivo o un partido de fútbol? El fantasma de la contraprogramación está al orden del día y afecta tanto a profesionales del periodismo de reconocido prestigio como a actrices y actores con años de carrera a sus espaldas. Todo a resultas de la audiencia. ¡Todo por la audiencia!

En la prensa y en la radio la creación de nuevos suplementos y espacios radiofónicos (culturales, económicos, sobre nuevas tecnologías, sobre ciencia y salud, de solidaridad, etc.) nacen más para aumentar la audiencia, que para contribuir al logro de los tres principios fundamentales: informar, formar y entretener, aparentemente hoy obsoletos.

Público con alma

Podemos afirmar que en cualquier sociedad occidental todas las personas son consumidoras, directa o indirectamente, de algún medio de comunicación (Blanca García-Mon Marañes y María José Ramírez Lafita,1992). Esto ha significado que los medios de comunicación destinen grandes cantidades de dinero a los estudios de audiencia. Se trata de conocer al minuto cuál es el perfil de las personas que consumen un determinado producto informativo.

Así, las cifras recogidas indican que dentro del concepto global llamado audiencia las mujeres son consumidoras en potencia de los medios de comunicación. Según el estudio General de Medios (EGM), los datos que se recogen en el Anuario de *El País* 1998, podemos comprobar que hay un 63% de lectores de periódicos y un 37% de lectoras. Por lo que hace referencia a la radio, hay un 53% de hombres, mientras que hay un 46,7% de mujeres. En el caso de la televisión, hay un 48,8 de televidentes hombres y un 51,2% de televidentes mujeres. Unos datos que apuntan de nuevo al punto débil sobre la cuestión del género, aunque, por otras parte, no dejan de ser estadísticas en el sentido más frío del término. Olvidamos que la audiencia es mucho más que pura estadística, ya que está formada por personas de carne y hueso, que forman parte de un entorno social determinado y determinante. Con frecuencia pasamos por alto el dotarla de alma, que es la manera de apuntar a la diana a la hora de definir todas aquellas inquietudes que la mueven y la hacen interactuar.

Nuevos parámetros sociales: nuevos estudios cualitativos

Ha llovido mucho desde que se acuñó el concepto *masa*, y ahora los nuevos estudios de recepción se centran en dos conceptos: la cantidad y la calidad. Ahora bien, hay diferentes audiencias, determinadas por el contexto sociocultural. Hay una audiencia de fútbol, como hay otra de ópera y un público infantil y juvenil, por citar solamente unos pocos ejemplos.

Así, se ha evolucionado desde un concepto abstracto y amorfo hacia una cuantificación de segmentos numéricos. No es suficiente saber cuánta gente ve la televisión, escucha la radio o lee el periódico. Se necesita un tercer escalón evolutivo: la cualificación. Solamente con estudios cualitativos se podrán conocer las actitudes, las opiniones del público cualificado y demostrar que sus preferencias, en algunas ocasiones, son marcadamente diferentes a las propuestas de los grandes medios de comunicación. Bajo el resguardo de este nuevo método de investigación, de rebote también se podría demostrar que las mujeres tienen focos de interés muy variados, y no solamente —aunque también— los estereotipados en función del género, como pueden ser la moda, la belleza, la decoración del hogar y los enredos de los protagonistas de la prensa rosa. Cuestiones que parecen interesar a todos y todas.

Por otra parte, también debemos plantearnos, cuál es el modelo de público, lectores, oyentes y televidentes que cada periodista tiene en la mente cuando se sienta a redactar una información. Probablemente su imagen —consciente o inconsciente— será la de un hombre, de mediana educación y por lo general acomodado. En resumen, este modelo difumina a otros segmentos de la población como pueden ser los jóvenes, las personas mayores y... las mujeres. Eso hace que, exceptuando, algunos *magazines* o suplementos que van dirigidos a públicos muy concretos, el resto de la información —la que podríamos denominar como general— está pensada, y por tanto redactada y dirigida para consumo y satisfacción de un modelo ya prefijado.

IV. LOS ESCENARIOS PERIODÍSTICOS DE LA INFORMACIÓN Y LA REPRESENTACIÓN DEL GÉNERO

Hasta ahora hemos examinado, de una manera general, los hechos más significativos de la produción informativa desde la mirada de género. Pero estas características no se pueden analizar aisladamente. Las dinámicas de producción, factores como el tiempo, las relaciones personales entre profesionales y las mismas prácticas que se establecen en cualquier trabajo, también afectan, aunque indirecta e involuntariamente, a los contenidos.

Los periódicos están divididos, según los escenarios donde se producen las informaciones, en diferentes secciones. Cada una tiene su singular manera de producción, su lenguaje particular y sus prácticas:

- Política y Economía quieren dar rigor y seriedad a sus informaciones en las que las mujeres están alcanzando mayor protagonismo y comienzan a tratarlas de una manera más igualitaria.
- Sociedad es un cajón de sastre —¿o desastre?— en la que se encabezan y tiene cabida multitud de temas, muchos referidos a mujeres y con una tematización clara en este sentido, sobre todo por lo que se refiere a salud, maltratos y biotecnología, entre otros.
- Cultura y Espectáculos, juntamente con Comunicación, pretenden dar la nota más desenfadada y amena y seguramente son las parcelas donde la población femenina tiene reservado más espacio, aunque también es donde se observa un tratamiento más diferenciado y estereotipado.

- Deportes ha ido adquiriendo más reputación con la masificación de algunos deportes como el fútbol profesional, el tenis o el motor, pero las mujeres todavía figuran como actrices secundarias.
- Por último se ha introducido una sección dedicada a personajes populares, más o menos famosos, en un intento de aproximar los medios al máximo de audiencia posible, y en la cual las mujeres también son las protagonistas.

Como veremos a partir de ahora, cada uno de estos escenarios representa un microcosmos dentro del universo informativo. En cada uno existe una forma de trabajar que se adivina en el resultado de la producción y, a pesar de que muchas de las prácticas se repitan independientemente de donde se ubica la noticia, cada departamento tiene unas características propias en lo que se refiere al tratamiento del género.

En este apartado también intentamos no sólo patentizar los problemas, sino además —en un sentido crítico, pero constructivo— ponerlos de relieve y encontrar unas vías de solución.

Política: el hemisferio del poder

Como es bien sabido, la historia de la prensa moderna se inicia en el marco de los grandes conflictos globales entablados en el siglo XIX. Es entonces cuando la prensa se convierte en una herramienta imprescindible para alcanzar y consolidar la hegemonía política, económica y social de los diversos segmentos de la creciente clase burguesa.

Como consecuencia de ello, el modelo de periódico más extendido era el diario de opinión (entonces llamado también «diario de partido» o «diario de clase») y las técnicas periodísticas más utilizadas eran las propias del periodismo proselitista o de persuasión.

Con estos antecedentes, resulta obvio que el desarrollo de la prensa, incluso con la introducción de otros ingredientes en su contenido, mantiene un predominio de cuestiones políticas —estrechamente ligadas a las informaciones económicas—, que se traduce en una amplia y obligatoria sección que representa el 35% de los contenidos de cualquier diario de información general.

Cada día abren portada informaciones de política internacional, nacional y autonómica, lo que confirma la importancia que se da a esta sección a nivel general y la repercusión social que de ella se desprende. Pero también confirma la función instrumental del periodismo al servicio de unas ideas o de un partido, función que permite que la producción, el contenido de los diarios y la distribución estén influidas por el poder hegemónico y sobre todo, el trabajo periodístico quede vinculado a unos determinados intereses y a unas afinidades políticas concretas.

Contextualización de la sección en el periódico

Política y sociedad se contraponen. Si bien la presencia de las mujeres en la sociedad está en todos los campos, incluso el de la política, las secciones de Política de los diarios de información general sólo consideran noticiables las informaciones que generan las instituciones públicas y los partidos políticos y derivan a la sección de Sociedad las noticias protagonizadas por movimientos sociales de alto contenido político, como ahora el pacifismo, el feminismo, la ocupación, el ecologismo, etc.

La mayoría de quienes producen la información, con autoridad en la jerarquización de roles, son hombres y pasan buena parte de su tiempo estableciendo una agenda con nombres de hombres que pertenecen a las élites políticas, económicas y culturales de una formación social (Concha Fagoaga, 1993). Por tanto, parece evidente que no es suficiente con formar parte de una partido político, sino que es necesario pertenecer a la élite de este partido para poderse hacer un lugar en las páginas de Política de cualquier diario.

Las mujeres están integradas —cada vez más— en la vida política del mundo occidental, pero donde todavía no lo están suficientemente es en los aparatos de decisión de los partidos; por eso, su presencia mediática es anecdótica y solamente aparecen cuando tienen el protagonismo directo de una información. En muy contadas ocasiones se cita a una mujer como fuente o se utiliza su voz en comentarios expertos sobre la información dada.

De esta manera podemos afirmar que Política es una sección de dominio masculino. La presencia de la mujer es escasa como demuestra el estudio *Gènere i informació* (1998): 3,65% de menciones en los titulares, 6,68% de menciones en el cuerpo del texto y 2,46% de protagonismo en las fotografías.

Según Concha Fagoaga (1998), la dirección de los medios es de predominancia masculina y eso explica que se establezca una lealtad hacia su grupo impidiendo otras visiones o puntos de vista que no forman parte de este grupo. En este caso se refiere a las mujeres, pero se da la misma situación, por ejemplo, con personas inmigrantes, clases marginales, otras etnias, personas con discapacidades físicas y psíquicas u otros grupos sociales.

Características generales de la sección

Del aniquilamiento a la trivialización estereotipada

En cada nueva cita electoral, la presencia de las mujeres es más numerosa. Van en aumento los nombres de mujeres que figuran en las listas de los partidos (sobre todo desde que se establecieron las cuotas de presencia femenina en 1988), los gobiernos, cada vez más, depositan su confianza en mujeres y por lo tanto se incrementa su número en los foros de discusión, debate y responsabilidad política y de poder.

Esta realidad se puede comprobar observando la progresiva introducción de las mujeres en los escenarios políticos: según datos del Instituto de la Mujer, el número de mujeres en el Congreso en el año 2000, de un total de 350 escaños, era de 99, cifra que representa el 28,29% (en 1996 representaban el 22% del total). En el Senado la proporción es un poco menor, pero también destacable: el 25,96% (en 1996 era del 14,9%), aunque los datos no incluyen los y las senadoras designadas por las diferentes CC AA (abril 2000).

En los foros de discusión autonómicos, según datos del Instituto de la mujer, ha habido un claro crecimiento en presencia femenina, pasando del 14,18% de 1993 y el 19,58% de 1996, al 28,79% de 1999.

Por último, la máxima presencia de mujeres se da en el Parlamento Europeo, con 186 mujeres elegidas en las elecciones de junio de 1999 (de un total de 626 escaños), lo que representa un 29,71% de mujeres que se dedican a la política europea.

Podríamos decir que la notoria presencia de las mujeres en los hemiciclos donde se decide el presente y el futuro no se corresponde con una presencia paritaria en los órganos de dirección de los partidos a los cuales representan. Según un estudio del Instituto Internacional IDEA, no llegan al 1,11% las mujeres que lideran partidos políticos en todo el mundo.

Todos estos escenarios están tradicionalmente dominados por hombres, y las mujeres van ocupando posiciones muy poco a poco.

Pero todavía continúan fuera de foco aquellos escenarios que no son instituciones oficiales y que por tradición son los que tienen más presencia de mujeres, como ahora las ONG, las asociaciones vecinales y otras organizaciones de base de la sociedad civil.

Confusión evidente

Como ya hemos dicho la presencia y el protagonismo de las mujeres en los escenarios políticos institucionales es relativamente reciente, y eso provoca mucha confusión y algunos errores de tratamiento. Por un lado, a la hora de su identificación por el cargo: veamos como ejemplo este titular de *El País* (4/11/1998): «Dimite un alto cargo de Exteriores en Chile para demandar al ex general». Esta formulación tan masculina se refería ni más ni menos

Fuertes discrepancias por la postura oficial

Dimite un alto cargo de Exteriores en Chile para demandar al ex general

FRANCESC RELEA, **Santiago**

Carmen Hertz ha dimitido de su puesto al frente de la Dirección Jurídica del Ministerio chileno de Exteriores (quinta en la jerarquía) para personarse como parte en la causa contra el ex general Augusto Pinochet que instruye Baltasar Garzón, según explicó ayer la letrada. Hertz es la primera funcionaria del Gobierno que dimite desde la detención del ex dictador y la primera demostración de las discrepancias que provoca la posición del Gobierno.

que a la funcionaria Carmen Hertz. Pero todavía podemos encontrar más claro este otro titular, del mismo diario (8/10/1998): «Muere apuñalada una mujer soldado israelí en Jericó». En esta ocasión el periodista ha tenido que hacer una complicada vuelta para describir una situación bien sencilla (la persona muerta era una militar israelí), ha optado por poner dos marcadores de sexo («mujer» y «una») para acabar de complicarlo.

De como la vida privada trivializa la profesionalidad
En Política hay una mirada sesgada, una mirada que da una imagen estereotipada de las mujeres. Así, queda patente que la protagonista femenina arrastra su pasado y su vida privada al mundo público, perdiendo credibilidad y profesionalidad, un requisito que nunca se exige al político, como se desprende de estos ejemplos: «La *matahari* del grupo petrolero Elf, la atractiva mujer contratada supuestamente para que Roland Dumas, entonces ministro de exteriores, aprobara, como así fue la polémica venta de seis fragatas a Taiwan, no ha desaprovechado el tiempo desde que el pasado 9 de abril dejó su celda de la prisión de Fleury-Mégoirs». Este texto aparecido en *El País* (1/11/1998), describe con tópicos y estereotipos a una ejecutiva que hasta el tercer párrafo del cuerpo del texto no se identifica como Christine Deviers-Joncours. Es evidente que no hemos podido encontrar en ninguna publicación a Roland Dumas retratado como Rodolfo Valentino o un Don Juan por haber mantenido relaciones con esta mujer.

La Vanguardia (1/3/1998) utilizaba este titular tan explícito: «La Barbie de Hierro» por introducir un texto que se puede resumir en este párrafo: «Lo que pudo haber terminado en un año de *glamour* y vanidad aquella joven venezolana lo convirtió en punto de partida para ascender rápida y decidida en el ambiente político, utilizando la magia de su corona, el embrujo de su sonrisa y, sobre todo, su entrega a la gestión de un municipio que le ha recompensado con las más altas cuotas de popularidad. (...) El fenómeno se explica porque la alcaldesa es una mezcla de belleza, talento, valentía y oportunismo». Se refiere a Irene Sáez que, tal y como el mismo redactor hace constar casi al final de la crónica, ha estudiado Ciencias Políticas. En el año 1992 ganó las elecciones municipales en Chacao, un barrio rico de las afueras de Caracas, la capital venezolana, y desde entonces es alcaldesa. Ha cambiado la imagen de este municipio: ahora es limpio, con el tráfico organizado y con un bajo índice de delincuencia. Un oasis dentro del contexto de todo el país, según se desprende del mismo artículo. ¿Por qué, entonces se le valoran más sus títulos de belleza y se frivoliza su posible candidatura a la presidencia del gobierno? ¿A cuántos hombres se les trata de la misma manera?

Otra diferencia evidente del trato que reciben hombres y mujeres en la sección de Política es la mención subordinada, es decir, la mención de una mujer en función del parentesco o la relación que tiene con un hombre, aunque a veces se puede aceptar cuando la persona no protagoniza la información, como en este caso: «(...) el presidente José María Aznar y su esposa», *El País* (5/10/1998), pero nunca en caso contrario: «Expulsada de el acto socialista la viuda de García Goena, muerto por los GAL», *Avui* (10/10/1998). Es evidente que las dos, la esposa y la viuda, tienen nombre y apellidos. Sería lógico, por tanto utilizarlos en su identificación. En todo caso, se podría ampliar la información dándoles el parentesco, siempre teniendo en cuenta que en los dos casos son los hombres los conocidos popularmente, pero nunca relegar la figura femenina únicamente a la relación de parentesco.

Sociedad, ¿cajón de desastre?

Dentro de la propuesta de clasificación del mundo que son las páginas de un periódico, la sección de Sociedad es una especie de frontera entre los intereses de la *res publica* (la política) y los de la vida económica, a cierta distancia de las aspiraciones y propuestas del mundo cultural y más cerca de las pasiones que genera el deporte o de las emociones que los espectáculos exaltan. Del mismo modo, hay un requisito común que define los criterios de adjudicación de temas a Sociedad: que el protagonismo de la noticia recaiga sobre la sociedad civil, las personas y las instituciones sociales.

Contextualización de la sección en el periódico

En este juego de proximidad y lejanía, que mantienen los temas y las noticias dentro de un diario, es la sección de Sociedad a la que más a menudo toca negociar donde ha de ir a parar una noticia. Las fronteras son difíciles de delimitar, porque mantienen ciertas concomitancias con las otras secciones. Con la de Política coinciden cuando se discuten leyes que afectan a la ciudadanía como el aborto, el divorcio, los planes de enseñanza; con Internacional el límite se establece cuando una catástrofe o accidente tiene lugar en otro país; es dudoso si han de ir en Economía las huelgas o reivindicaciones de colectivos como pensionistas, mujeres, personal médico; de los Espectáculos y Deportes se publican en Sociedad acontecimientos de la vida privada de famosos y famosas, ahora englobados en una subsección. A veces se dice que todo aquello que no se sabe dónde tiene que ir se publica en Sociedad. En los últimos años esta sección ha ido ganando en importancia (que en términos periodísticos se traduce en espacio) y también se han incorporado, al lado de ítems tradicionales de educación, sanidad y sucesos, nuevos epígrafes, como el de solidaridad (ONG), ciencia, medio ambiente, tecnología e informática, y a medida que estos temas van despertando el interés de la audiencia del periódico.

De acuerdo con el estudio *Gènere i informació* (1998), la sección de Sociedad ostenta el récord de menciones de mujeres, que llega al 22,54% al lado del 77,46% de menciones de hombres. En otros trabajos, como el del profesor Bueno Abad (1996), en el se analizaron 13.075 noticias relacionadas con las mujeres, podemos observar que un 20,79% presentaban a las mujeres como objeto de agresiones. Y ésta es a menudo la imagen que nos impacta de las páginas de Sociedad: mujeres apaleadas, violadas, sin recursos delante de un divorcio, muertas a manos de sus maridos, novios... las mujeres convertidas en el pararrayos de las desgracias, las víctimas sufridoras y masoquistas resignadas a su papel.

Características generales de la sección

Únicamente las fuentes que manan

Podríamos pensar que a diferencia de otras secciones que privilegian los escenarios de la vida pública, en la sección de Sociedad aparecen las personas, los colectivos civiles y los espacios de la vida privada, pero ésta no será la percepción que obtendremos si nos entretenemos a identificar las fuentes que alimentan la sección de datos e información. La mayor parte de los escenarios y personajes que tienen presencia en la sección pertenecen a instituciones públicas, oficiales o informales, que han sido acreditadas como fuentes por los propios medios, en un proceso que se retroalimenta y que cierra el paso a otras instancias de la realidad. Hasta en el apartado de sucesos, es más que probable que nos llegue antes la interpretación de la policía, la sentencia judicial o la reivindicación de la organización de defensa de los derechos de la víctima, que no la voz de las personas afectadas.

¿Dónde están las mujeres cuando nos nombran como hombres?
Una característica deducible de esta sección de Sociedad es que, a menudo, se otorga el protagonismo a personas en las que se marca claramente su pertinencia a un sexo u a otro: «La juez decreta prisión para el dueño y el patrón (...)», *ABC* (11/10/1998); «Una chica denuncia a dos compañeros de instituto por agresión sexual en Girona», *Avui* (8/10/1998); «Detenido un hombre acusado de matar a tres novias para cobrar el seguro de vida», *La Vanguardia* (22/10/1998), de manera que en una misma página encontramos noticias referidas a hombres y mujeres concretos, sin embargo en otras el pretendido genérico masculino no nos permite saber si en estos colectivos se incluyen los dos sexos o solamente hombres. Sucede que ahora al leer la prensa resulta imposible saber si detrás «de los médicos, los peritos, los jueces los enfermos», también se están refiriendo a médicas, peritas, juezas, enfermas y en que medida cambia, afecta o se expresa la noticia, según se refiera a mujeres o a hombres. A veces y hasta extremos curiosos, el genérico acaba teniendo más fuerza que el sexo real, como en este texto de *El Mundo* (10/10/1998): «Eligió causar la muerte de la víctima más vulnerable que puede haber: un niño, tu hija».

Todavía más, si en la misma página se indica que «Un tercio de los catalanes tiene una renta superior a 1,6 millones de pesetas», y justo debajo «Las africanas se adaptan sin traumas a la vida occidental», *El País* (11/1/1998), con buena lógica deberíamos

Un tercio de los catalanes tiene una renta superior a 1,6 millones de pesetas

SEBASTIÁN TOBARRA. **Barcelona**

El 36,5% de los habitantes de Cataluña dispone de una renta superior a 1,6 millones de pesetas por año. El porcentaje de habitantes que supera esta renta es el doble en Cataluña que en el conjunto de España, ya que sólo el 18% de españoles tiene rentas superiores a 1,6 millones, según datos del *Anuario Comercial de España* 1998 elaborado por el Instituto Lawrence R. Klein, de la Universidad Autónoma de Madrid, y editado por La Caixa.

La renta media en Cataluña se sitúa entre 1,4 y 1,6 millones. Para conocer la renta familiar hay que multiplicarla por el número de miembros.Sólo dos comunidades —Baleares y Navarra— tienen una renta media por habitante mayor que la de Cataluña. A diferencia de otros estudios referidos sólo a provincias y comunidades autónomas, el informe del Instituto Lawrence R. Klein recoge datos económicos de 418 municipios catalanes de más de 1.000 habitantes en 1996. Estos municipios agrupan al 97% de la población total. A escala española, el informe incluye datos de 3.196 municipios en los que vive el 96% de la población.

Para calcular la renta por habitante el informe utiliza 17 tipos de datos: la actividad del comercio, la industria, la hostelería y número de oficinas banca...

Las africanas se adaptan sin traumas a la vida occidental

Una investigación de la antropóloga Adriana Kaplan con comunidades africanas...

entender que en el primer caso se nos habla solamente de los hombres que viven en Catalunya, ya que en el segundo se hace una referencia tan clara a la pertinencia de sexo. Creemos que esta confusión que se produce cada vez más en la información pide una revisión a fondo del uso indiscriminado del genérico masculino para identificar a toda la población. Una confusión que solamente la capacidad de descodificar el mensaje de quien lee los diarios permite seguir manteniendo.

Discursos legitimados y la construcción temática

Ahora está del todo legitimado por los *mass media* el discurso de la violencia específica contra las mujeres, y ha pasado a convertirse en uno de los temas habituales de la sección de Sociedad. Se ha convertido en un tema y eso significa que se le asigna un lugar (espacio físico), bajo el epígrafe «maltratos», que se le destinan recursos y que el medio cuenta con periodistas que tienen conocimientos y una cierta especialización en la cuestión. También quiere decir que hay unas fuentes legitimadas que ofrecen datos de forma habitual y adecuada al formato exigido por los medios. Éstos son los requisitos que ha de cumplir un tipo de noticia para llegar a tematizarse. Cuando un tema consigue este acuerdo entre las fuentes y la organización periodística para aportar explicaciones y significado, tiene garantizada su aparición de forma regular en los medios, porque ya ha estado incorporado al proceso productivo de la información.

En la sección de Sociedad resulta sencillo hacer el seguimiento de una serie de temas que tienen como protagonistas (objeto y sujeto) a las mujeres, consiguiendo el estatus de temas construidos periodísticamente, como por ejemplo, además del maltrato y de las agresiones contra las mujeres, la investigación en fertilidad, el sexo, el abuso de menores, la salud femenina, etc., produciéndose una de las más tristes características de la tematización, la reducción a estereotipos de los y las protagonistas. Así, encontramos víctimas y verdugos cuando analizamos en la prensa los maltratos y las agresiones a mujeres, estériles o portadoras de embriones cuando el tema es la investigación en fertilidad, o prostitutas o leonas cuando se trata del sexo, por citar sólo unos pocos.

La investigación en fertilidad y biotecnología

De forma habitual se producen noticias en el entorno de la capacidad femenina de procreación y la manipulación científica y tecnológica en el entorno de genes, óvulos, clonaciones, embriones como demuestran estos titulares:

«Aplican una técnica similar a la clonación para tratar la infertilidad femenina», *ABC* (10/10/1998); «EUA intenta fecundar dos mujeres estériles con genes de otra fértil», *El Periódico de Catalunya* (11/10/1998); «Médicos de Nueva York crean un embrión humano con los genes de una mujer estéril», *El País* (10/10/1998). Si bien en estas informaciones las mujeres son llamadas estériles cuando se trata del mismo caso pero de sexo masculino, los textos son un poco más respetuosos: «se considera que un hombre empieza a tener problemas de fertilidad (...)», *El País* (7/12/1998) o sea que las mujeres son estériles y los hombres tienen problemas de fertilidad. ¿Se trata solamente de un matiz? Las mujeres se presentan en estas informaciones como objetos de investigación y exclusivamente en su capacidad de procrear y se olvida la dimensión humana, sus expectativas y su deseo por lo que se refiere a la maternidad.

La sexualidad

Desde la perspectiva científica es un chorro de noticias, a menudo a partir de comparaciones con animales, en un ejercicio de antropomorfismo: «El origen y las ventajas del sexo desconciertan a los científicos». Subtítulo: «La elección de la pareja está motivada, según algunas teorías, por la supervivencia», *El País* 14/10/1998). «El hombre no ha inventado nada en materia de sexo». Titular que parece una frase que dice la etóloga entrevistada, cuando en realidad corresponde a la periodista. Aquí, «el hombre» suponemos que actúa como un genérico de todos los humanos, *El País* (15/1/1998), ¿o puede que no?

El sexo parece proclive a los juegos de palabras y de alusiones: «Un certamen puro y duro». Subtítulo: «Éxito de público en el sexto Festival Internacional de Cine Erótico (...)», *La Vanguardia* (25/10/1998). La prostitución aparece a menudo relacionada con una cuestión de orden público: «Jaque al comprador de sexo», *El País* (9/8/1998). Aquí el masculino del titular no permite la inclusión genérica de los dos sexos. Pero en cambio hace una curiosa concordancia en el subtítulo: «Polémica entre los psicólogos y feministas españoles sobre la ley sueca que castiga al cliente de la prostitución».

A veces delante de informaciones sobre acoso sexual cuesta averiguar de quién se habla y cuál es el sexo de los y las protagonistas, como en este titular de tres líneas de *La Vanguardia* (6/12/1998): «El Tribunal Superior declara válido un despido por hacer bromas sexuales de mal gusto», o el que utiliza *El Periódico de Catalunya* el mismo día: «Una sentencia ratifica un despido por conducta obscena». ¿Quién hacía las bromas y quién las padecía?

La prostitución infantil y el abuso de menores

Ésta es otra de las cuestiones que se publican de forma recurrente en Sociedad. A menudo en estas noticias se habla de niños o menores en genérico, sobre todo en el titular, como demuestran estos ejemplos: «El comercio sexual de menores aumenta en Asia y Rusia por la crisis económica», *La Vanguardia* (7/10/1998). Todo el texto habla de «niños» y «prostitución infantil»; «Cumbre contra el comercio sexual», *El Mundo* (6/10/1998), en el subtítulo «25 países discuten desde hoy en Londres cómo frenar la prostitución infantil». En el sobretítulo se especifica: «Cerca de un millón de niños ya se prostituye en ese continente». La fotografía son dos chicas y la pieza central se titula: «Rusia: un gigantesco mercado del porno». Leyendo el texto se puede descubrir que en realidad se ha producido un salto semántico, ya que mientras hay un Intertítulo genérico: «Perfil del niño prostituido», en la pieza se hace referencia a «las menores eslavas reclutadas, (...), ejército de prostitutas, (...) 500 niñas de vestidos ligeros».

El *ABC* (11/10/1998) dedica una página al tema con este titular: «Niñas prostitutas: pequeñas «pretty women» sin amparo legal». Este periódico acompaña esta noticia con una pieza de documentación que titula: «En España se abusa de una de cada cuatro menores», y donde informa que «el 23% de las niñas y el 15% de los niños sufren estos abusos».

A veces los usuarios de esta prostitución infantil se explicitan en los titulares como en este de *El País* (7/10/1998): «La UE advertirá a los países de Asia sobre la llegada de pederastas» y en el subtítulo «Reunión en Londres para proteger a los niños del turismo sexual». En el texto se hace constar que «son víctimas niños y niñas». Hay momentos en que los elementos de titulación se pueden confundir: «Detenidos dos hombres por organizar orgías con 30 menores en Valencia», *El País* (21/11/1998). El subtítulo dice: «Los chicos proceden de familias humildes de un barrio marinero». Solamente si leemos el texto nos enteramos de que «Los investigadores aclaran que utilizaban tanto a niños como a niñas para satisfacer sus deseos sexuales».

Creemos que esta falta de precisión a la hora de señalar la pertinencia sexual de quien protagoniza estas dramáticas historias consigue ocultar quiénes son los usuarios de la prostitución infantil y los que practican abusos y violaciones a menores. Tampoco señala que las víctimas de estos actos, en un porcentaje muy alto, son niñas.

Ahora está, ahora no está

El juego de mostrar y ocultar qué se produce detrás del genérico masculino permite que cuando se habla de educadores o de alumnos y padres queden ocultas las educadoras, las madres, las alumnas y las niñas como en estos titulares: «Lecciones para ser un buen educador», *El Periódico de Catalunya* (31/5/1998); «Guardería de fin de semana», subtítulo: «Sant Joan Despí pone en marcha una guardería donde los padres podrán dejar a sus hijos para ir de compras en sábado», *La Vanguardia* (11/10/1998). Otras veces, un problema que afecta principalmente a las mujeres queda camuflado: «España tiene 1,3 millones de analfabetos» en los titulares, mientras que en el texto se indica que «de 1.345.808 analfabetos, 962.720 son mujeres», *El Periódico de Catalunya* (9/9/1998).

A menudo resulta difícil adivinar cuál es la lógica de la que se sirve quien titula resaltando la presencia de las mujeres: «El juez procesa al ex-piloto Joan Garriga y a cuatro personas más, incluida una policía», *El Periódico de Catalunya* (20/10/1998), o este pie de foto de *La Vanguardia* (6/10/1998): «(...) Los inmigrantes, entre los que se encontraban varias mujeres (...)».

Un caso que nos ha llamado especialmente la atención ha sido el de «Unos colegiales que se convirtieron en héroes», *ABC* (9/10/1998), aparecido en todos los diarios como un colectivo de alumnas que contribuyeron a la salvación de «jubilados» (otro falso genérico) en el naufragio de Banyoles (Girona), cuando los únicos nombres que aparecen en la información eran de chicas. El misterio se explica cuando descubrimos que el diario *Avui*, en una información de Jordi Serrat (9/10/1998), explica que «Las jóvenes habían ido de excursión (...) Se juntaron todas las chicas delante de los periodistas y hablaban alteradas». Tan *alteradas* debían hablar que ninguno de estos periodistas especificó que se trataba de un grupo exclusivamente de chicas, incluso el mismo diario al día siguiente ya no se acuerda que solamente eran chicas y titula: «Subirà felicita personalmente a los jóvenes que ayudaron en el rescate», haciendo mención en el texto a chicos y profesores, sin pararse en la contradicción que presentaba con la información del día anterior. Este caso y otros que podríamos aportar demuestran hasta qué punto el estereotipo dominante (en este caso el del héroe) puede sesgar la información hasta ocultar una gesta protagonizada por chicas.

Hay que poner de relieve que la ocultación femenina y la masculina no son paralelas ni equivalentes, porque los medios de comunicación sancionan de manera distinta las actuaciones de los hombres y las mujeres. La utilización del genérico masculino enmascara el sexo y el género de cada protagonista, tal como muestran algunos ejemplos que hemos comentado. En la información sobre la prostitución infantil o en los casos de acoso sexual, el lenguaje diluye la responsabilidad de los hombres que la practican en un genérico que incluye toda la comunidad o bien elude el sujeto, en uno de los muchos sobreentendidos que se practican en la información. En cambio, en el caso del naufragio de Banyoles (Girona), las chicas que contribuyeron al salvamento se convirtieron en unos jóvenes, unos chicos, unos alumnos o unos escolares y, excepto un diario (el *Avui*), el primer día, todos los demás hablaron de la gesta utilizando el genérico masculino.

La perspectiva del género, una buena práctica en el tema de la salud

Como consecuencia de la determinación biológica cada vez es más frecuente encontrar informaciones sobre la salud que tienen en cuenta la especificidad femenina, como explica este titular: «La mujer tiene la vida más larga, pero de peor calidad que el hombre», *El País* (7/9/1998). También se contempla como afectan las enfermedades a hombres y mujeres: «El cáncer castiga más a los hombres», subtítulo: «Los tumores matan en Europa al 20% más de hombres que de mujeres», *El Periódico de Catalunya* (7/10/1998).

La perspectiva de género permite profundizar en esta realidad diferenciada entre hombres y mujeres, que en el caso de la salud ha encontrado expresión práctica en la prensa, y que si se aplicara en otros casos posibilitaría ofrecer una visión más plural, más interesante y concreta sobre cómo afectan fenómenos y situaciones a los hombres y a las mujeres.

Cultura, espectáculos y comunicación: la vitrina del «glamour»

Cultura, Espectáculos y Comunicación (esta última llamada por algunos medios Televisión) suelen ser unas secciones populares, que gozan del favor y el seguimiento generalizado del público. Aunque en la actualidad tienen espacio mediático asegurado cada día, no han conseguido borrar la imagen de periodismo fácil, de segunda categoría, sobre todo si se los compara con secciones como Política y Economía. Las informaciones de estas secciones pocas veces ocupan portada o abren informativos televisivos y radiofónicos, y en caso que lo hagan suele ser porque se ha otorgado un premio o bien por alguna defunción destacable dentro del mundo cultural.

Por otro lado, por lo que se refiere al nivel de distribución del trabajo periodístico, han sido terreno abonado para que las periodistas llevasen a término su trabajo. Así, en los *staff* directivos, cuando encontramos a alguna mujer ejerciendo un cargo de decisión, normalmente coincide con el hecho de que es la responsable de la sección de Cultura-Espectáculos o bien de Comunicación.

El periodismo que se ha practicado siempre concuerda con escenarios vinculados con el mundo del saber y del ocio de élite, o bien con manifestaciones culturales estimuladas desde las administraciones, que no dejan de ser un reflejo del escaparate político dominante. La sección de Cultura, por tanto, se centra también en el seguimiento de determinados escenarios ligados con la política: ministerios, administraciones autonómicas, municipios, etc. O bien —una de las pocas herencias del periodismo de principios de siglo— en la atención periodística, al dedicar, por ejemplo, una página entera y artículos de opinión, a la muerte de alguna personalidad del mundo cultural.

Sin embargo, tanto en Cultura y Espectáculos como en Comunicación los escenarios destacados son restringidos. Cultura no centra la mirada casi nunca en circuitos alternativos al mundo cultural consensuado. Pocas veces se contemplan expresiones paralelas. Igual pasa en Espectáculos, donde aquellas manifestaciones que no sean éxito de ventas tienen poco futuro mediático. A menudo se priman intereses económicos por encima de gustos culturales minoritarios. Así, la danza, la ópera u otras manifestaciones artísticas, ocupan un espacio en los *mass media* reducido.

Por lo que se refiere al ámbito de la Comunicación, el mundo televisivo y sus entramados se ha convertido en el casi único referente posible de esta sección, ganando por mayoría aplastante a cualquier información suscitada desde el cada vez más comprimido universo comunicativo de nuestro entorno.

Contextualización de la sección en el periódico

En las secciones de Cultura y Espectáculos de la prensa de información general, las menciones femeninas en el cuerpo de la noticia representan un 19,86%. Se trata, pues, de la segunda área periodística con más presencia femenina después de la sección de Sociedad. Si analizamos los titulares, comprobaremos también que las mujeres salen más en Cultura-Espectáculos (20,84%). Por lo que se refiere a su presencia en las fotografías, la cifra es también bastante alta (16,33%). De todas maneras, todo queda en casi nada, ya que cantidad no siempre equivale a calidad.

Hay que destacar que en las secciones de Espectáculos y Comunicación, la presencia de las mujeres como protagonistas —raramente como fuentes— se hace mucho más evidente que en Cultura. No obstante, el tratamiento que reciben es por lo general desde una óptica de imagen-diversión, imagen-ocio. Las mujeres como objetos adornan la sección y con su pose hacen que la audiencia —¿masculina?— se fije más.

En cambio, en la sección cultural, las mujeres que aparecen lo hacen porque ocupan con notable éxito escenarios (escritoras, pintoras, escultoras, etc.), que hasta hace poco habían sido marcadamente masculinos, o bien porque ocupan un cargo institucional (directoras de museo u otras instituciones, ministra de Cultura, etc.).

Características generales de la sección

¿Asimilación o diferencia?

La relativamente elevada presencia de mujeres en las secciones de Cultura, Espectáculos y Comunicación subraya en sí misma un trazo definitorio que, a primera vista, puede provocar una cierta sensación de paridad. Investigando, sin embargo, en el mundo informativo, nos encontramos delante del hecho de que muy a menudo la presencia de una mujer depende de una información protagonizada por un hombre. El tratamiento que se hace está de tal manera subordinado que, en algunas ocasiones, ni se la nombra por su cargo, ni tan sólo por su nombre completo. Encontramos muchísimos ejemplos y muy singulares; así podemos observar que, hasta incluso personas —ya sean hombres o mujeres— con un cargo jerárquico inferior, relegan a un segundo término a las mujeres: «Expresadas por el representante de Izquierda Unida, Rodolfo Ruiz Ligero, para apoyar el proyecto digital de Mónica Ridruejo en el Consejo de Administración», *El País* (21/9/1996). En ningún momento de la información se identifica quién es Mónica Ridruejo y solamente el lector o lectora que esté al caso podrá asimilar correctamente esta noticia.

En este juego de ausencias y presencias tampoco cuenta demasiado el aval de toda una carrera profesional con grandes éxitos: «La fotógrafa de Chirac desata una polémica con un libro sobre Jesucristo», titular del *ABC* (5/10/1998). En cambio, si que prevalece cualquier relación de parentesco: «Su hija pequeña France», *El Periódico de Catalunya* (9/10/1998) —se refiere a la hija de Jacques Brel. La familiaridad en el tratamiento mediático de las mujeres está al orden del día, con todas las connotaciones (infantilización, vinculación con el entorno doméstico, etc.) que esta actitud comporta: «Marta, la manager de los Comediants», *El Periódico de Catalunya* (11/10/1998).

La guinda por lo que se refiere a la subordinación de las mujeres a los hombres se la lleva un titular de *El País* (2/8/1998), donde se analiza «Por qué las mujeres no son hombres», cuando en todo caso se podría plantear por qué las mujeres y los hombres no son iguales.

De sujetos de admiración intelectual a objetos de deseo sexual
Poco esfuerzo hace falta para encontrar en estas secciones —sobre todo en Espectáculos y Televisión— noticias en que casi la única razón por la que se destaca a las mujeres es por la belleza física, obviando cualquier poso de inteligencia. El tratamiento que se hace está vinculado al estereotipo de persona que se desvive únicamente por la apariencia física y se la relaciona con la cursilería o/y el lucimiento generoso del cuerpo por encima de cualquier actitud intelectual. Un ejemplo flagrante es el que pretende loar la profe-

sionalidad de la actriz Nicole Kidman, en una de las pocas veces que no se la vincula con su marido, Tom Cruise, también actor. Después de la buena acogida que tuvo en Londres en su estreno teatral, el *Avui* (5/10/1998) titulaba: «Nicole Kidman calienta los escenarios», y añadía con un pequeño título: «Más efectiva que la Viagra». Para acabar de arreglarlo, hacía una explicación de lo más elocuente: «(...) Según el sector masculino de la profesión (críticos), la actuación de la Kidman es más efectiva que la Viagra, mientras que el sector femenino se ha tragado una bocanada de envidia y ha tenido que admitir en público y por escrito que la australiana no tiene ni un miligramo de celulitis».

En muchísimas ocasiones, a las actrices y a otras estrellas del universo mediático se les cuestionan aspectos que no son fundamentales en su carrera profesional. A menudo se dice que es el precio que se ha de pagar por la fama. Si bien es cierto que su trabajo pasa por el cedazo de mostrar en público sus asuntos íntimos y los trucos para mantener su aspecto físico, también es cierto que cualquier intérprete tiene alguna cosa que decir por encima de este titular de *El País* (21/10/1998): «Joan Collins atribuye su belleza al maquillaje y a dormir poco».

Adjetivación sátrapa

De todos los consejos periodísticos que se dan, el más extendido es el de evitar en una información pretendidamente *objetiva* —no es el caso de los artículos de opinión —toda adjetivación que no aporte ingredientes añadidos a las noticias. Las secciones de Espectáculos y Televisión, sin embargo, parecen estar fuera de estas recomendaciones porque es en ellas donde la adjetivación brota a placer. ¿Necesidad de añadir nuevos contenidos? ¿Exaltación del morbo y del sensacionalismo? Más bien el abuso de adjetivización viene dado por la búsqueda del segundo supuesto. Así, algunos medios de información general consideran un elemento informativo el hecho de destacar las virtudes de una «deliciosa cantante», *ABC* (10/11/1998), o la importancia de que la actriz Peta Wilson, *El Periódico de Catalunya* (10/10/1998), sea «rubia» —¿se toma como referencia a la heroína de cabellos claros, sueño de cualquier hombre? «Suele pasar que detrás de un prejuicio aparentemente benéfico y amable —como podría parecer la propensión de los hombres a halagar el ego femenino— aparece el dominio. En este contexto, hay que considerar lo frecuente que es que a las mujeres se las califique hiperbólicamente con el recurso de cualidades físicas fantásticas o mágicas, cosa que no paşa cuando se trata de un hombre» (Manuel Martín Serrano, 1995).

Todo esto se lleva a término con tanta naturalidad que poca gente se plantea el hecho de que esta reiteración en el elogio de la imagen es, en buena parte, la responsable de marcar la pauta, crear una tendencia y, consecuentemente, generar un estereotipo.

¿Tematización (in)cómoda?

Podemos afirmar que el proceso de tematización en las secciones de Cultura, Espectáculos y Comunicación es todavía muy tenue. Las informaciones aparecen en función de determinadas personas que han conseguido una cierta celebridad en los ámbitos que actúan. Sin embargo, hay que considerar que ya se ha producido alguna tematización por lo que se refiere al género. Así, no es difícil encontrar una terminología como «literatura de mujeres», con todo lo que conlleva esta tipificación. Hay escritoras que no se sienten cómodas con esta etiqueta confeccionada por los medios de comunicación, ya que comporta intrínsecamente una propuesta de lectura subliminal: una literatura de segunda categoría por debajo de la literatura con mayúsculas.

Del mismo modo, es cierto que el proceso de tematización, en algunas ocasiones, posibilita que, al hablar de un tema de forma más o menos regular, la opinión pública y la sociedad en general le preste más atención. Esto es lo que pasa con el que se ha llamado «cine de mujeres», un concepto sujeto a una tematización todavía incipiente que, entre otras cuestiones, ha permitido a esta actividad artística huir del ostracismo mediático a que estaba sometida. De todos modos, será necesario observar si esta tipificación no desencadena una fijación de modelos y perpetuación de clichés, que no hace más que simplificar los significados.

Deportes: el farolillo rojo

La sección de Deportes es popular, generosa en páginas y con un lugar privilegiado entre las preferencias del público. Los medios de comunicación han ido concediendo páginas a los deportes a medida que esta modalidad periodística ganaba un prestigio, que no siempre había tenido. No hace ni 25 años el periodismo deportivo estaba considerado todavía como una manifestación periodística «menor», que servía para entretener a los lectores y desviarlos de otros intereses de más altos vuelos.

Esta interpretación aristocrática del deporte ha caído en desgracia y, actualmente, el periodismo deportivo tiene un vigor y un tratamiento comparables a cualquier otra especialidad periodística. Hablamos del deporte masculino, es decir, el deporte practicado por hombres, que es el que tiene una generosa acogida en las páginas de los diarios y en las emisiones de los medios audiovisuales.

El periodismo deportivo ha restringido sus escenarios a aquéllos donde tienen lugar competiciones de élite. Podría haber otras miradas: el deporte *amateur*, el deporte como fuente de salud, el deporte como actividad económica, etc. Del mismo modo como ha ocurrido en otros escenarios periodísticos, el deporte —excepto casos poco frecuentes— se centra en el seguimiento de las competiciones profesionales de alto nivel. Y entre éstas, en las modalidades que pueden ofrecer más dosis de espectáculo o que están más arraigadas en las costumbres populares, como sería el caso del fútbol.

Contextualización de la sección en el periódico

La sección de Deportes es en la mayor parte de los diarios y, en general, en todos los medios de comunicación una de las secciones donde menos aparecen las mujeres. En la prensa de información general, la sección de deportes es el farolillo rojo, con una presencia prácticamente testimonial. Según la obra ya citada *Gènere i informació* (1998), de 5104 nombres que aparecieron en la sección de deportes durante una semana, solamente 220 nominaciones correspondían a mujeres (3,92), mientras que había 4904 nombres de hombres (96,08). Las fotografías de mujeres deportistas solas son el 0,65%, en grupo mixto el 3,87%, mientras que hombres solos o en grupo aparecían con una frecuencia del 90,82%.

Únicamente hace falta revisar las páginas de cualquier diario, cualquier día de la semana, para darse cuenta de que la palabra que define mejor la realidad del deporte practicado por mujeres en los medios de comunicación es la ausencia.

Pero no tan sólo en los diarios. De 43 retransmisiones deportivas realizadas por TV3 (Televisión de Catalunya) durante el mes de marzo de 1994, no había ninguna de deporte realizado por mujeres, a pesar de haber todo tipo de deportes, desde fútbol pasando por ciclismo, hockey, basket, hípica, etc. Durante este mismo mes, de 6 horas y 25 minutos de emisión, solamente correspondieron a deporte femenino 9 minutos y 45 segundos (Jordi Vilagut, 1994).

En definitiva, la presencia del deporte practicado por mujeres es una anécdota, sólo paliada en parte por la presencia del tenis femenino, una manifestación deportiva protagonizada por mujeres que tiene un seguimiento informativo centrado en las figuras de élite.

Características generales de la sección

Tratamiento subordinado

Aparte de la pobre presencia de deportes practicados por mujeres, una característica fundamental es que casi siempre la noticia está subordinada a la información sobre el deporte protagonizado por hombres. Ésta es una práctica que se inicia en las mismas agencias de información: normalmente, tienden a poner la información que hace referencia a las mujeres en las últimas líneas.

Otras veces, cuando se habla de dos manifestaciones deportivas, la protagonizada por hombres normalmente va en primer lugar, y casi siempre ocupando el mismo espacio: «Habrá finalista español en París», noticia principal en *El País* (3/8/1998). En la misma página, en la parte inferior y como noticia secundaria: «Arantxa se reafirma en Roland Garros».

En *La Vanguardia* (5/10/1998), hay media página dedicada el posible retorno de Mike Tyson al boxeo, y en la misma página hay una foto-noticia con un texto de cuatro líneas donde se informa que la suiza Natascha Badman es «La nueva dama de acero en ganar el triatlon Ironman, de Hawai». Una conjetura sobre la vuelta de un ex boxeador necesita cuatro veces más espacio que el triunfo de una marchadora.

Las mujeres, carne de breves

Con frecuencia es necesario buscar a las mujeres deportistas, incluso a las primeras figuras, como Arantxa Sánchez Vicario,

Conchita Martínez, Martina Hingis o Lindsay Davenport (todas ellas tenistas sobre las cuales, como ya hemos dicho, se informa con regularidad), en las columnas de breves. Durante la semana del 5 al 11 de octubre de 1998, no hay ninguna noticia importante sobre deporte femenino, solamente se pueden encontrar breves sobre el torneo de tenis de Filderstadt. La noticia más importante es el momento en que Lindsay Davenport se proclama campeona y Hingis deja de ser la número 1 del mundo, texto que no aparece en ningún diario como el más importante de la página, sino en la parte inferior.

Asuntos extradeportivos

En muchísimas ocasiones, las deportistas son noticia no por su actividad profesional, sino por aspectos que no tienen nada que ver con la práctica del deporte. Si bien es cierto, que esto también está pasando con los deportistas, convertidos cada vez más en personajes que animan el *star-system* mediático. En el caso de las mujeres deportistas se acentúa este seguimiento informativo por cuestiones ajenas al mismo deporte: el enfrentamiento que mantuvieron Tonya Harding y Nancy Kerrigan (patinadoras); los problemas con la fiscalía del padre de Steffi Graff; la ruptura de Conchita Martínez con uno de sus entrenadores; las uñas y los *mallots* de la desaparecida Florence Griffith, todos son hechos que se destacan a veces por encima de los triunfos atléticos, o la polémica de la gimnasta Dominique Moceanu y el proceso de emancipación de su familia.

Del pretendido elogio al menosprecio explícito

Si bien el tono informativo en los diarios de información es en general correcto, tal como hemos comentado, sobre todo por lo que se refiere al tenis, a veces el tratamiento es visiblemente asimétrico respecto a los colegas masculinos.

En sendas crónicas deportivas sobre el Open de Australia del año 1996, se hablaba de Monica Seles en los siguientes términos: «No es guapa, está gorda, tiene un juego monolítico, pero es la reina indiscutible del circuito femenino de tenis (...) Y es ahora cuando todo el mundo puede descubrir que debajo de la Monica Seles más gorda, menos ágil, más patosa, hay una personalidad más fuerte, menos preocupada por las apariencias sociales, menos voluble, más impermeable», *El País* (29/1/1996). En la crónica donde se hablaba de Boris Becker en la página siguiente no había ninguna clase de referencia ni al físico del jugador, ni por descontado al hecho de que fuese atractivo o no. Se hablaba de su juego. De Marion Jones se dice que: «Corre, salta y planea. Es la versión femenina de Carl Lewis», *Mi País* (31/11/1998). ¿Quién se atrevería a decir que Carl Lewis es la versión masculina de Marion Jones?

Estas alusiones podrían hasta ser elegantes si las comparamos con otras referencias que hemos encontrado en la prensa deportiva en donde hay ejemplos en que se pone en duda la feminidad de las deportistas, remarcando la corpulencia o la falta de atractivo físico.

Los comentarios radiofónicos o televisivos son a veces despectivos, incidiendo reiteradamente sobre los tópicos que pesan sobre el deporte practicado por mujeres: la virilización y la falta de atractivo físico. Del mito de la virilización de las mujeres mediante el deporte se ha pasado actualmente a un interés desmesurado por la sexualidad de las deportistas. A menudo se insinúa cuando no se dice abiertamente, que tal o cual tenista es lesbiana. Por un lado, encontramos que el hecho de que las mujeres puedan hablar sin reparos de sus preferencias sexuales representa un progreso, porque durante mucho tiempo ni tan siquiera se reconocía que las mujeres tuviesen una sexualidad propia. Ahora bien, la insistencia de los medios de comunicación en poner de relieve el lesbianismo de algunas deportistas contrasta mucho —en una nueva muestra de asimetría periodística —, con la discreción con que hablan de las preferencias eróticas de los hombres, sean deportistas o no. Otra vez, una muestra de un tratamiento diferenciado en función del género.

Afortunadamente, ya no se hace referencia a otros tópicos del deporte practicado por mujeres como que era malo para su salud y que las apartaba de sus responsabilidades como madres y esposas.

Otras veces se habla de las deportistas elogiando su físico, como en el titular que dedica *El Periódico de Catalunya* (21/8/1995) a la nadadora alemana Franziska Almsick: «El calentamiento de la bella sirena», a quien califica como «la estrella más rutilante de la natación» o «la bella sirena alemana con cuerpo de modelo», mientras que Dominique Moceanu es «la última muñeca de la gimnasia», según *El País* (23/10/1998).

Por lo que se refiere al tratamiento despectivo de las deportistas, la palma se la lleva la prensa deportiva especializada, donde se encuentran ejemplos escandalosos que las presentan como un adorno sexual. Se habla de «las asistencias de Ferrari» en los siguientes términos: «(...) cuando no le vaya bien a Michael Shumacher siempre le quedará el consuelo de buscar el apoyo técnico de las exóticas animadoras del equipo y pisar a fondo el acelerador», *El Mundo Deportivo* (14/1/1996), o de la hija del propietario de los Lakers que anima a los asistentes a los partidos enseñando su cuerpo —hay fotos de la señora desnuda tal y como sale en el *Playboy*—, *El Mundo Deportivo* (30/4/1995).

La grosería más imperdonable la encontramos, sin duda, en la publicada por *El Mundo Deportivo* (18/1/1996), que con el título «Tenis ¿femenino?» habla de las jugadoras Monica Seles y Mary Pierce: «Según el programa del Open de Australia de Tenis, ambas juegan la competición individual de damas». Y aunque sí, llevan falda y vestido, y se recogen el pelo en coleta, ahí prácticamente se agotan las señas de identidad femenina: Monica Seles pega con tal

Tenis ¿femenino?

Según el programa del Open de Australia de tenis, ambas juegan la competición individual de damas. Y, sí, llevan falda y vestido, y se recogen el pelo en coleta, pero ahí prácticamente se agotan las señas de identidad femenina: Monica Seles pega con tal fuerza que sus bíceps se asemejan a los de un estibador y Mary Pierce tiene su cuerpo, más 'carnoso' que antaño, anclado sobre unos cuádriceps de dimensiones ciertamente varoniles • FOTOS: AP

fuerza que sus bíceps se asemejan a los de un estibador; Mary Pierce tiene su cuerpo más «carnoso» que antaño, anclado sobre unos cuádriceps de dimensiones ciertamente varoniles».

El Mundo Deportivo ofrece una imagen estereotipada de las mujeres, las presenta como objetos sexuales y no tiene el más mínimo respeto por el esfuerzo y dedicación de las deportistas. No considera en ningún momento que las mujeres puedan ser consumidoras y seguidoras del periodismo deportivo que este diario representa.

Economía: mejor empresarias que paradas

Hasta hace unos quince años, la información económica en la prensa generalista era más bien escasa. Las empresas y los grupos financieros guardaban celosamente sus actividades como si fueran secretos industriales. Poco a poco, el flujo de información económica se ha incrementado por diversas razones: en primer lugar, por la presión de los medios de comunicación y la creación sistemática de gabinetes de prensa y agencias de información económica y, en segundo término, por el reafirmado convencimiento de los dirigentes del mundo de la banca y de las empresas de que es mejor facilitar información, ya que de esta manera se aseguran el control del producto final que se emitirá o publicará. La modernización y un cierto bienestar social también son consecuencia de este auge. Estos argumentos han posibilitado que, poco a poco, las secciones de Economía se hayan ampliado tanto en espacio como en número de temas.

Cabe destacar la constante incorporación de mujeres periodistas a las secciones de Economía de los diarios y programas televisivos y radiofónicos, un hecho que años atrás era casi impensable.

Tradicionalmente, la economía era considerada cosa de hombres, ahora bien, la incorporación masiva de las mujeres en el mercado laboral no se corresponde con la representación que de éstas hacen las secciones de Economía.

Contextualización de la sección en el periódico

La economía representa un espacio fijo de información de los diarios y puede llegar a ser noticia de portada en muchas ocasiones. Un ejemplo de lo que decimos es el abaratamiento del precio del dinero decretado por el Banco de España en dos ocasiones desde el mes de agosto a diciembre de1998, u otras medidas surgidas de las directrices del Parlamento europeo de cara a la entrada en vigor del euro. Las fusiones de los bancos o de las grandes multinacionales también pueden ir en portada y, excepcionalmente, determinados conflictos laborales que tengan repercusiones de cariz social

En la mayoría de los medios de comunicación la presencia de mujeres en esta sección es muy escasa. Según *Gènere i informació* (1998), los titulares mencionan un 3,42% de mujeres, frente al 96,58% de hombres. Mientras que las menciones en el cuerpo del texto en Economía equivalen a un 5,56 % de mujeres y un 94,44% de hombres.

Características generales de la sección

El dinero no tiene fronteras y la belleza tampoco

El mundo de las empresas y de las finanzas son escenarios básicamente ocupados por actores masculinos. Si bien es cierto que cada vez hay más mujeres trabajando en empresas, solamente en determinadas multinacionales y en algunas empresas las encontramos en la cúpula directiva. La llamada cuota femenina que se aplica a los partidos políticos y a determinadas instituciones oficiales no se da en los bancos ni en las empresas privadas. Así, una de las vías de entrada y del ascenso a un cargo de responsabilidad es la del parentesco, que permite a determinadas mujeres acceder a la presencia del Consejo de Administración, o ser Directora o la Gerente de empresa (en el caso de los hombres, esta situación también se da desde hace años).

La sección de Economía de los diarios está pensada y expresamente dirigida a una audiencia masculina. Las fuentes de información que se han encontrado también son masculinas, aunque poco a poco se están incorporando fuentes femeninas, sobre todo las mujeres que desempeñan cargos vinculados a diferentes administraciones.

Los escenarios que enfoca esta sección son tres: el ámbito internacional (reuniones del FMI, reuniones del G7, cumbres económicas de la Unión Europea, las crisis asiáticas...), el ámbito nacional (seguimiento de la política económica del gobierno y de los diferentes sectores industriales) y un tercero centrado específicamente en la bolsa, el mundo empresarial y financiero y sus organizaciones profesionales y sindicales. Curiosamente, el espacio mediático dedicado a trabajo e información laboral ha disminuido sensiblemente en las secciones de Economía, exceptuando cuando se generan conflictos de gran repercusión social, como puede ser una huelga del metro o la de la fábrica de automóviles Ford de Almusafes (Valencia), la de transportistas, etc.

También en el mundo sindical podemos captar la débil presencia de las mujeres; si bien las encontramos en los órganos de dirección de algunos sindicatos, la presencia pública la ostentan líderes masculinos. Un ejemplo lo puede representar la *Unió de Pagesos* (Sindicato campesino) de Cataluña donde, a pesar de la alta actividad de las mujeres en el campo, no se ven reflejadas ni en el mundo del sindicato ni en la dirección.

Si nos fijamos en las patronales, tanto las de la pequeña como las de mediana empresa, siempre son hombres los que salen en las imágenes de los diarios. Igual pasa con los representantes de las Cámaras de Comercio. Podríamos decir que, tal como dice la canción tabernaria, «todo son hombres, no hay mujeres, nos da vergüenza entrar», solamente que en este caso, la segunda parte de la estrofa entonaría: «lo tienen muy difícil para entrar».

La gran mayoría de escenarios económicos están históricamente ocupados por hombres, de aquí que el lenguaje utilizado en la información sea siempre el genérico masculino. Así aparecen «trabajadores, accionistas, inversores, parados, financieros, pensionistas, empleados, etc.». Solamente hay «empleadas» cuando se trata de noticias protagonizadas por mujeres y en contadas ocasiones. Algunos ejemplos son: «Condena a Caixa de Catalunya por discriminar a sus empleadas», *El País* (6/11/1998). Bajo el epígrafe «La empresa y el empresario», *Avui* (11/10/1998), encontramos el curioso y confuso epígrafe «Aumenta el número de mujeres empresarias», en referencia al hecho que durante el quinquenio 1991-1996 en Cataluña el número de empresarias aumentó en un 25,1%.

Empresarias: la excepción que confirma la regla
Según la encuesta de población activa en el II trimestre del 2000, un 24,40% de mujeres ocupaban la gerencia de empresas con me-

nos de 10 personas trabajando, mientras que un 49,40% son las gerentes en empresas sin personal. Una cifra que da suficientemente de sí para que las empresarias puedan ser potenciales fuentes de información. No es el caso que analizaremos. Del mismo modo, en el *corpus* investigado hemos recogido informaciones de tres directivas de empresas significativas dentro de la economía española. Se trata de Esther Koplowitz, de Fomento de Construcciones y Contratas (FCC), que centra la mirada informativa por la venta del 28% de acciones de FCC al Grupo Vivendi; Mar Raventós, porque es nombrada presidenta del Consejo de Administración de Codorníu, y Ana-Patricia Botín, cuando ocupaba el cargo de directiva del área latinoamericana del Banco de Santander.

El único denominador común entre las tres es que, sin ánimo de restarles méritos, ocupan cargos decisivos en empresas que eran o son de sus familias. Hasta hace pocos años era práctica común transmitir la propiedad, negocios o industria a los hijos, y nunca este hecho había sido cuestionado por la prensa. De un tiempo a esta parte, también las hijas han asumido responsabilidades en la dirección de las empresas y, en cambio, solamente por el hecho de ser mujeres se convierten en blanco de informaciones no estrictamente económicas. Además, no es exagerado pensar que a cada periodista le puede pasar por alto este conjunto —en progresión— de empresarias que forman parte de la pequeña y mediana empresa y que han optado por ser empresarias antes que paradas.

La sección de Economía desde siempre ha gozado de la calificación de seria. Los asuntos familiares y del corazón nunca habían ocupado espacio en ella. A pesar de todo, cuando las mujeres han hecho acto de presencia en calidad de empresarias, los medios de comunicación han puesto de relieve las transmisiones patrimoniales con referencias genealógicas que parecen extraídas de cualquier «culebrón» televisivo. Se ha producido una confluencia de dos escenarios que caminaban separados hasta ahora: el privado y el público, la empresa y la familia.

La incorporación reciente de las mujeres a las tareas de dirección no justifica el hecho de que la clase periodística subraye con más intensidad la procedencia del capital familiar. Una cuestión, que por otro lado, no se resalta de una manera tan apabullante cuando los directivos son los herederos y no las herederas.

Apariencia física *versus* inteligencia y poder

Si bien comentábamos que a lo largo del estudio hemos podido constatar la existencia mediática de empresarias, también es cierto que el tratamiento que se hace de su persona y de su trabajo está a años luz del tratamiento que se hace de un empresario. En una noticia titulada «Clinton, el FMI y la recepción en la embajada», de *El Mundo* (7/10/1998), podemos leer en el cuerpo del texto: «Por los suelos alfombrados pasó la belleza morena de Ana-Patricia Botín, siempre escoltada (nunca hubiere dama de caballero tan bien servida) por José Juan Ruiz, jefe del Servicio de Estudios del Banco de Santander, y una de las mejores cabezas económicas hispanas».

De Ana-Patricia Botín solamente se informa de su nombre y apellido, obviando su cargo y, eso sí, se considera prioritario describir su apariencia con el apelativo «belleza morena», mientras que de «José Juan Ruiz, jefe del Servicio de Estudios del Banco de Santander, y una de las mejores cabezas económicas hispanas» no llegamos a conocer el color de su belleza. Pero queda bien claro que con su competencia intelectual escolta perfectamente a Ana-Patricia Botín, que solamente destaca por una cualidad física. Para la lectora o el lector que no conozca el cargo que ocupaba Ana-Patricia Botín en el Banco de Santander es fácil interpretar que ella asistía a la recepción para acompañar a José Juan Ruiz, ignorando que en el organigrama del banco ella estaba por encima de él. Esta crónica utiliza unos recursos más propios de otras épocas, en que resplandecía vida cortesana, que no los de la vida moderna de hoy en día. Parece que el redactor ha olvidado que en los negocios —y también en el periodismo— es recomendable al cien por cien disponer de una mente clara.

Otro ejemplo que remarca «lo influenciables» que pueden ser las mujeres, según la prensa, se puede observar en el titular «Cautivar a Esther y zanjar la batalla familiar», de *El Mundo* (7/10/1998). Aquí aparece Jean-Luc Messier, de la empresa Vivendi, como el Quijote ante Dulcinea. Las cualidades que se le otorgan son dobles: cautivar y poner fin a un conflicto familiar. Pero, si leemos con atención los acuerdos del contrato, veremos que el Quijote pierde la lanza y el caballo, ya que una de las cláusulas del acuerdo entre FCC y Vivendi especifica muy claramente que

Las perspectivas a corto plazo son bastantes favorables y el comportamiento de las economías de las zonas euro y no euro se espera que sea similar.

La economía europea progresa

si las acciones que Esther Koplowitz compró a Alicia Koplowitz producen beneficios, Alicia podría reclamar la parte que le corresponde. Por tanto, la batalla familiar entre las dos hermanas ya estaba decidida antes de hacer acto de presencia este caballero francés. Incluso se da el caso que bajo el epígrafe Empresa y Finanzas, *La Voz de Asturias* (6/5/2000) pone una foto de una «magnífica» mujer en ropa interior para acompañar un texto sobre: «La economía europea progresa».

Nuevos estereotipos de las mujeres directivas

Hemos afirmado anteriormente que la incorporación de las mujeres a las cúpulas empresariales y financieras es relativamente reciente. Este hecho no ha evitado, sin embargo, que se acuñen nuevos estereotipos que se aplican de una manera arbitraria a cualquiera de las mujeres que consiguen un cierto poder económico.

En el plan empresarial o financiero, cuando se habla de directivas, según afirma el equipo de investigación Factam (1992), «aparece la «supermujer», algo que es diferente no solamente por estatus, sino porque lleva implícita la ausencia de otros atributos que teóricamente definen a las mujeres, y desarrolla todos los aspectos típicamente masculinos, incluso en mayor grado que éstos».

La Vanguardia (8/10/1998) titula que «Visedo se mantendrá al frente de FCC y Esther Koplowitz seguirá controlando la gestión». En el cuerpo de la noticia podemos leer que «Esther Koplowitz ha logrado blindar la gestión de FCC en el acuerdo con Vivendi. El acuerdo señala que Esther Koplowitz puede forzar a Vivendi a que le compre a ella su paquete accionarial en el plazo de diez años, pero Vivendi no la puede forzar a ella». La lectora o el lector recibe la impresión de que el acuerdo entre FCC y Vivendi es claramente favorable a la empresa española, y tanto en esta información como en otras Esther Koplowitz, presidenta ejecutiva y miembro también del Consejo de Administración de Vivendi, aparece con la aureola de brillante ejecutiva.

Las tres mujeres que aparecen en la muestra analizada están en cierta manera magnificadas, casi son piezas de coleccionista y, a pesar de todo, a menudo se las trata con menosprecio informativo: «Ana-Patricia Botín se alzó sobre sus tacones de hierro y no tembló pese a los despidos habidos en su área», *El País* (27/9/1998).

El carácter excepcional de la empresaria lo resume el *Diario de Terrassa* (11/11/1998): «Una mujer al frente de la fábrica». Y al pie de la foto: «Inma Pulido directora de Ceag Nortem S.A., Ignasi Farreres, consejero, y Olav Norhal presidente de Ceag». El capital es sueco, y la directiva es catalana y además ¡femenina!, cómo se ufana a destacar, para bien o para mal, el titular.

Gente: ¡qué grupo tan divertido!

Hasta hace poco, el espacio social estaba dividido en dos grandes esferas: la privada y la pública. En cada uno de estos espacios dominaba —aunque siempre han existido interferencias entre uno y otro— un modelo de comunicación diferente. Al espacio público le correspondía el pretendido discurso objetivo, serio, distante, impersonal que han hecho suyo los diferentes medios de comunicación a través de la llamada «información de interés general».

Para tratar el ámbito de la esfera privada siempre han existido diversos tipos de publicaciones que daban salida a otras necesidades humanas como son las informaciones prácticas de toda clase centradas en la vida familiar, amorosa, de ocio, etc. Estos periódicos han incorporado nuevos temas y ámbitos a medida de que la sociedad cambiaba. Así, muchas revistas que a principios de siglo se dedicaban a dar consejos prácticos para las mujeres se han transformado en revistas «de personajes» donde tienen cabida todo tipo de asuntos relacionados con determinadas personas.

Siempre ha existido esta necesidad de saber cosas de los demás, pero con el paso de una sociedad tradicional a una sociedad de masas ha cambiado también la manera como las personas nos intercambiamos la información sobre «el próximo». Ahora, nuestras vecinas y vecinos reales son prácticamente desconocidos, mientras conocemos o creemos conocer, a toda una serie de personas que por diferentes motivos acaparan el interés de los medios y el nuestro, o viceversa. La plaza pública o la fuente desde donde tradicionalmente observábamos, comprábamos, criticábamos, y aprendíamos de nuestra conciudadanía, ahora, por razón de la transformación del sistema de vida, son las revistas ilustradas, los *magazines* televisivos o radiofónicos... y más recientemente, también los diarios de información general.

Contextualización de la sección en el periódico

Los medios de comunicación tradicionales —sobre todo los diarios de información general—, habían desdeñado siempre el ámbito de actuación privada como objeto de información. Centrados como estaban en la esfera pública, habían considerado no significativos todos los asuntos que no podían ser tipificados como de interés público: el discurso de la *objetividad* periodística ha legitimado unas prácticas profesionales que han configurado todo un modelo comunicativo con sus normas y sus convenciones.

Pero la evolución social, los nuevos usos y costumbres, el acercamiento de las dos esferas, e incluso toda la indefinición entre lo que es público y lo que es privado, junto con la capacidad de penetración social de las propuestas televisivas, así como el reconocido interés por las actividades íntimas de las personas para el resto de la gente, han hecho que los diarios abran el abanico de su discurso a temas, ámbitos y personajes que hasta hace poco parecían impensables. La práctica totalidad de los diarios han incorporado una sección llamada Gente, para unos, y Guapos & Famosos, para otros, donde tienen cabida todo tipo de informaciones sobre personajes, de aquí y de fuera, adaptando típicas fórmulas periodísticas, tradicionalmente excluidas del discurso tradicional y convencional. Incluso, últimamente, algunos periódicos españoles, a raíz de un cambio de diseño gráfico y conceptual, han apostado por desarrollar un *magazine* destinado básicamente a mujeres bajo un título revelador: *ByN Ella* (*El Periódico de Catalunya*).

Características generales de la sección

Cada diario ha dotado a su sección de Gente de una personalidad propia. Casi todos han comenzado con unas pocas líneas sobre personajes y han ampliado de manera sucesiva esta información hasta ocupar un espacio importante. Algunos diarios hacen pequeñas informaciones, mientras que otros han introducido columnas de opinión que glosan la vida de estas personas.

La individualidad como centro de todas las cosas

La primera característica de esta nueva sección es que se centra en lo que les pasa a personas muy concretas. La vida particular, la experiencia íntima y personal, sin ningún otro elemento explicativo, se constituye como eje sobre el cual todos los medios se ven obligados a informar. La noticia no es un hecho —como lo era en la información tradicional—, sino una persona. Lo importante no es lo que se dice, sino cómo se dice y de quién se habla: «El amigo australiano de Monica Lewinsky», *La Vanguardia* (17/9/1998). O «Monica Lewinsky cobrará por repetir lo suyo», *El País* (8/11/1998). Las connotaciones sexuales no hace falta ni ponerlas de relieve; «Los tatuajes de Estefanía y el viso de Isabel II», *La Vanguardia* (20/9/1998); «Naomi Campbell resiste sobre las pasarelas», *El Periódico de Catalunya* (9/10/1998).

Aunque estas personas provienen de una cierta clase social, tienen un contexto histórico y un entorno cultural concretos, la lectura pública que se hace elimina todas estas referencias personales. No hay antecedentes ni explicación por sus actuaciones. Como los «olímpicos» de los cuales hablaba ya hace más de 30 años Edgar Morin, son los nuevos modelos sociales a quien imitar o rechazar.

Hechos libres, opiniones sagradas

Una característica de esta sección es que opinión explícita e información estricta están barajadas. El principio de «los hechos son sagrados, los comentarios son libres» se ha invertido. Los textos destilan comentarios particulares o propios de la persona que escribe, y resulta ciertamente difícil aplicar las normas clásicas de la deontología periodística: respeto a la verdad, contraste de las informaciones, un uso circunspecto del lenguaje, etc. En estos textos la adjetivación es abundante, la ausencia de fuentes es clamorosa y el tono es de absoluto menosprecio hacia los protagonistas de los acontecimientos explicados. Por ejemplo, «a algunas, como a Cybill Sheperd, se les ha ido la mano con el colágeno y sus senos se han mutado en dos balones de aire comprimido (...) se han agotado las existencias de silicona de Los Ángeles, que ya se vieron mermadas cuando Liz Hurley quiso igualar las hechuras de Divine Brown, la prostituta a la que pillaron accionando el músculo de Hugh Grant», Dominical de *El Periódico de Catalunya* (8/3/1998).

Al hablar de una cumbre de mujeres de Estado y de gobiernos europeos, un periodista presentaba así a las damas: «Hannelore Kolh, una mujer casi tan robusta como su marido», a causa de una caída «le hacía llevar un collarín ortopédico en vez de las perlas que lucían la mayoría de las otras damas presentes en Versalles». Sobre Margaret Thatcher decía que «no se le movía un solo pelo de la permanente», etc., *El País* (26/6/1990).

Consagración del despropósito informativo

Por la misma naturaleza de la información de que se trata, es difícil exigir el mismo tratamiento que en el resto de las noticias, porque a diferencia de lo que pasa en la información —y no siempre está claro— aquí se ha renunciado al rigor profesional. En la información clásica todavía se continúa manteniendo una cierta apariencia de objetividad. En la sección Gente, los informadores y las informadoras no necesitan continuar con la máscara puesta. El uso del rumor como fuente de información es frecuente, cosa que no suele pasar en la información convencional, o al menos no tan descaradamente: «Tasha de Vasconcelos, supuesta última novia del príncipe Alberto de Mónaco», *El Periódico de Catalunya* (6/10/1998); al hablar de los gastos que hacía Diana Ross (en un texto que explica, en general, lo malgastadoras que son algunas mujeres) se dice textualmente: «las malas lenguas aseguran que mientras estuvo casada con el magnate naviero Arne Naes, llegó a gastar cada mes 150.000 pesetas en barras de labios y 7,5 millones en ropa», *La Vanguardia* (30/11/1998).

Puede ser que por la propia naturaleza de los asuntos de que se habla no sea necesario esforzarse en profundizar sobre ellos. También el que no valga la pena rectificar los errores que se transmiten, ya que para los personajes el solo hecho de aparecer en la prensa ya les compensa, aunque se deba resaltar, que la falta de respeto y la irreverencia con se habla de ellos es notable.

Feminización de la maledicencia

A diferencia de lo que pasa en la mayoría de las secciones de los diarios, en la sección de Gente salen muchas mujeres. Una simple ojeada a esta información corrobora que la práctica totalidad de las personas de las cuales se habla son mujeres: cantantes, actrices, princesas, modelos, *mises,* estrellas todas de un firmamento efímero, cambiante y banal. Parece como si fuese más fácil hablar de las frivolidades cometidas por mujeres que de las protagonizadas por hombres, que evidentemente también existen.

Por todo ello, la sección Gente suele ofrecer una imagen de las mujeres como seres volubles, caprichosos, sin contenido. Deslumbradas por el dinero, la fama o la belleza. Mujeres frívolas, preocupadas por el aspecto físico y el bienestar material.

«La boda de Alba rivaliza con el yate de una viuda alegre», esta viuda es Adriana Abascal, que va «heredar el yate, que es de los que tumba de espaldas, de su marido (...) propietario de Televisa y muerto el año pasado». En la entrevista que publica *¡Hola!*, «la joven y desconsolada viuda (...)», *El Periódico de Catalunya* (11/11/1998).

V. LA PERSPECTIVA DE GÉNERO: HACIA LA VISIBILIDAD DE LAS MUJERES

Con anterioridad a que en el entorno académico se extendiera el término *género*, artículos o textos que trataban la diferente situación social de hombres y mujeres empezaban con la referencia «Mujer y...». Con esta nomenclatura, el aspecto quedaba reducido a los problemas de un sexo, y siempre visto desde el esencialismo de la palabra «mujer» en singular, como si sólo hubiera una mujer en el mundo que incorporara la esencia de todas las demás. También había otra manera de referirse a la misma cuestión, y era el término «rol sexual», prestado de la sociología y de la antropología, que ya habían detectado que en la determinación del rol sexual observado en las diversas sociedades habían operado factores sociales y culturales. Fue en el año 1978 cuando la investigadora norteamericana Gayle Rubin utilizó por primera vez la expresión «sistema de sexo-género» para poner de relieve que se trataba de un conjunto de disposiciones mediante las cuales una sociedad transforma la sexualidad biológica en producto de la actividad humana. Después de esta autora han sido muchas las aportaciones teóricas que se han hecho sobre el tema del género, que han servido para afinar al término hasta introducirlo en el uso del lenguaje común.

El concepto «género» y el sistema de sexo/género

O dicho de otra manera, una cosa es el sexo biológico, del cual, salvadas las excepciones, solamente hay dos, macho y hembra, y otra cosa es el género representado o social, que se aprende a través de unas palabras culturales diferentes para cada sexo. El sexo apela a la biología. El género, a la cultura. Los comportamientos atribuidos a hombres y mujeres son socialmente construidos y no tienen nada a ver con la base biológica. El concepto de «sistema de sexo/género» se ha utilizado desde hace ya dos décadas para indagar en cómo se organizan las sociedades para crear, mantener y reproducir estas características y comportamientos.

Con la introducción y uso del concepto «género» se elimina la noción que existía, según la cual el problema era sólo de «las mujeres». Los hombres, por tanto, quedaban excluidos de la definición del problema, e inclusive, marginados del tema, que hacía posible que cuando se planificaba la organización de unas jornadas, se convocaban manifestaciones, o se publicaban libros sobre «las mujeres y...», automáticamente los hombres pensaban que la cuestión no les atañía en absoluto. En algún caso llegaban incluso, a acusar a las mujeres de haberlos «discriminado». Pues bien, el nuevo concepto, separando claramente lo que es biológico (el sexo) de lo que es cultural y social (el género), extiende el problema a todos los seres humanos. Ya nadie, sea del sexo que sea, queda fuera de la dicotomía de género: machos y hembras son sometidos a un proceso distinto de socialización, que una vez finalizado llegarán a ser hombres y mujeres, con pautas de comportamientos distintos, modelos de referencia diferentes y también mundos simbólicos diferentes. Dos moldes, a los cuales hombres y mujeres nos avenimos con más o menos alegría o de mejor o peor grado. Todo ello, sin negar las características biológicas propias de cada sexo, bien al contrario: de lo que se trata es de situarlas en el lugar que les corresponde.

Introducción de la perspectiva de género en la información

Cuando hablamos de introducir la perspectiva de género en la información, queremos decir exactamente esto: que la información ponga de relieve que hombres y mujeres hemos sido socializados de una manera distinta y que, por tanto, esta socialización ha introducido a la fuerza variedades de comportamiento, de actitudes, de valores, de creencias, de estilos, de formas de vida, etc. Y que esta disimilitud es relevante en la información. No se trata de minucias, sino que el hecho de destacar los mecanismos establecidos por la sociedad para educar y formar hombres y mujeres resulta una diferencia cualitativa y cuantitativamente muy significativa.

Por ejemplo, si decimos que el índice de paro en España es del 10,91% estamos dando una cifra global que resulta falsa cuando hablamos de paro masculino (7,80%) o femenino (15,74%), según datos aparecidos en *El País* (13/1/1999). ¿Es o no es significativo establecer la diferencia por géneros? Si afirmamos por ejemplo, que en España hay 969 conventos, *El País* (2/6/1998), damos una información mucho más parcial que si decimos que hay 44 conventos de frailes, y 925 conventos de monjas. ¿Es o no es significativa la variable de género? Creemos que sí. En algunos casos el matiz aportado por la perspectiva de género puede ser inapreciable. En otros casos resulta imprescindible para entender correctamente la información y darle su justo valor. La perspectiva de género sirve, por tanto, para analizar y comprender las características que definen a los hombres y a las mujeres de manera específica, como también las similitudes y diferencias (Lagarde, 1996).

Perspectiva de género: un plus con significado

Del proceso de socialización utilizado con los hombres y con las mujeres, resultan diferencias cualitativas y cuantitativas muy significativas para entender la sociedad. Y en todas las ramas y áreas de la vida humana: en la demografía, en la educación, en la vida cotidiana, en la salud, en el trabajo, en la cultura, en el arte, en la ciencia, en la tecnología, en la religión, etc.

Si elaboramos una noticia sobre el número de personas encarceladas en España diremos que hay 44.288. ¿ No sería significativo para la información saber que hay 4.134 mujeres y 40.154 hombres? ¿ O no nos dice nada esta cifra? O, por ejemplo, saber que en el año 1998 murieron 114 personas asesinadas per su cónyuge. Y que, de estas personas, 91 (el 70%) fueron mujeres y 23 víctimas fueron hombres (el 30%) o que hasta octubre del 2000 del total de 39 personas que han muerto a mano de su cónyuge por sexo 34 son mujeres y cinco hombres.

Introducir la perspectiva de género en la información no siempre es en beneficio de las mujeres. Es decir, que no se ha de entender que introduciendo esta perspectiva *per se*, sea tomar partido por las mujeres. Tampoco debe entenderse como no hacer «periodismo feminista». Sencillamente, representa dotar de significado a lo importante que resultan en nuestras vidas las diferencias de género, y que son indicativos, a su vez, de la evolución vivida por la sociedad y los cambios que se generan.

Cojamos una noticia aparecida el día 19 de diciembre de 1998, en *El País*: «Un 28% de los españoles entre 35 y 39 años se ha esterilizado». El subtítulo nos aclara algo: «La cifra es el triple que hace diez años, según un estudio del CIS». Con este genérico masculino no sabemos si se hace referencia únicamente a los hombres o, como casi siempre, también se hallan invisibles las mujeres. Si leemos el texto, veremos que en 1985 había un 7% de mujeres y un 1% de hombres que optaban por la esterilización voluntaria. ¡En 1995 el porcentaje por sexos es el 15,5% de mujeres y el 13% de hombres! Esto significa que la voluntad de los hombres para someterse a una esterilización ha subido en 12 puntos en estos últimos diez años, con todo lo que ello representa de cambio social respecto a los antiguos modelos de masculinidad, tan arraigados en nuestra cultura. Pensemos si no es más significativo resaltar en el titular esta perspectiva de género de la cual estamos hablando, antes que un genérico masculino que oculta, en primer lugar a las mujeres y además el rasgo más representativo de toda esta información.

Ventajas de la perspectiva de género en la información

De esta manera, las consecuencias que se derivan de la socialización humana se convierten en una cuestión global, que sin excluir a nadie, sea hombre sea mujer, resalta la asimetría debida al sistema social y cultural en el cual nos educamos.

Pero también se encuentra un efecto beneficioso en el hecho que hace visibles a las mujeres, no como ahora, que con la utilización sistemática del género masculino solamente aparece el marcador de sexo cuando *específicamente* se habla de mujeres y de niñas. Siempre que hay un hombre, automáticamente se

Library and Information Services

Customer name: ETHERIDGE, JODIE

Title: El sexo de la noticia : reflexiones
sobre el gnero en la informacin y
recomendaciones de estilo / Ma
ID 30116005041726
Due: 03-Jan-2014 12:00 AM

Title: Los dueos del periodismo : claves de
la estructura meditica mundial y de Espaa /
Ramn Reig.
ID 30116005041759
Due: 03-Jan-2014 12:00 AM

Total items: 2
20/12/2013 17:14
Checked out: 12

Thank you for using Self Issue
For queries telephone: 0121 204 4525 or e-
mail: library@aston.ac.uk

Late return fines are:
50p per hour for 1 day loans
£3.50 per day for reserved items

convierte en genérico masculino. Y a veces pasa que se habla en masculino, pero nos damos cuenta que se hace referencia a lo femenino por pura necesidad de referirse a las mujeres, con lo cual se pone en evidencia una confusión o malestar de género «latente», según hemos podido comprobar en apartados anteriores (Ver «La invisibilidad de las mujeres: el uso del genérico masculino»).

También tiene otros efectos beneficiosos en la información: ofrece datos mucho más completos y más profundos. Tiene en cuenta que la audiencia es plural y está formada, también, por hombres y por mujeres, con diversas formas y concepciones del mundo. La información no puede dejar de buscar nuevos caminos y nuevas fórmulas y la perspectiva de género puede ser aplicada en cualquier ámbito informativo, ya sea político, social, económico, cultural o deportivo. Con la introducción de la perspectiva de género en la información se abre un campo de actuación amplio que puede ensanchar el trabajo de interpretación y análisis de la sociedad que, en definitiva, debería significar la razón de ser de los medios de comunicación.

La introducción de la perspectiva de género en la información puede ser una nueva manera de mirar, de interpretar la realidad con otros ojos, de hacer posible que aparezcan otras visiones del mundo, ello obligaría a cada periodista a romper con las inercias profesionales, las rutinas establecidas y los dogmas no cuestionados. Ahora la sociedad demanda otro tipo de información. Ya no se trata de ofrecer «lo que pasa», sino de que los medios de comunicación tienen que enfocar parcelas de la vida humana nuevas, ámbitos sociales nuevos sobre los que dirigir su interés. Nosotras proponemos una herramienta que puede serles útil para que esta mirada englobe a los hombres y a las mujeres sin ningún tipo de exclusión. Una nueva mirada para un nuevo milenio.

Por lo que hace referencia al título del libro, *El sexo de la noticia*, no se nos escapa que plantea una aparente contradicción. Somos plenamente conscientes que, siguiendo todo lo expuesto, debería llamarse *El género de la noticia*. Pero a pesar de ello, hemos decidido titularlo así, primero, porque es una pequeña provocación para llamar la atención, y hemos preferido que el título del libro peque de contradictorio o, mejor dicho, caiga antes en la contradicción que en la indiferencia del público. Y segundo, porque en los medios de comunicación todavía domina el concepto sexo, y las cuestiones de género, salvo honrosas excepciones, todavía son escasas.

VI. RECOMENDACIONES DE ESTILO

Este libro no tendría ninguna utilidad si se limitase a poner de relieve los malos ejemplos y no aportara ninguna solución a los problemas detectados. Después de esta primera fase, que ha de servir para dejar en evidencia las malas prácticas de la profesión periodística, producidas, como hemos comprobado, por la cultura profesional, por las rutinas y las inercias, ha llegado el momento de ofrecer una alternativa.

Antes, no obstante, de introducirnos en los consejos prácticos, recordemos que el lenguaje no es una creación arbitraria de la mente humana, sino un producto social e histórico que influye en nuestra percepción de la realidad. Al transmitirnos socialmente las experiencias acumuladas por generaciones anteriores, el lenguaje condiciona nuestro pensamiento y determina nuestra visión del mundo.

Si tenemos en cuenta que los medios de comunicación usan el lenguaje como una herramienta fundamental para realizar su propia construcción de la realidad, no nos ha de extrañar que esta visión resulte cargada de prejuicios y estereotipos, tal como se ha evidenciado aquí. Los prejuicios sexistas —también los raciales, religiosos, sociales y culturales— que los medios de comunicación transmiten en el lenguaje son el reflejo del papel social que se ha atribuido a las mujeres durante generaciones.

Así pues, el lenguaje tiene una dimensión conservadora, con una gran carga tradicional. A pesar de esto, por su estrecha relación con el pensamiento, puede cambiar gracias a la acción educativa y cultural y, de esta manera, influir positivamente en el comportamiento humano y en nuestra percepción de la realidad.

Esto no quiere decir otra cosa que el lenguaje solamente cambiará si existe la voluntad de hacerlo cambiar. Y que, de igual forma que las mujeres han ido avanzando progresivamente en la sociedad, el lenguaje lo ha de plasmar, y que comience en los medios de comunicación es una buena manera de comenzar.

Las buenas prácticas nos remiten a las tres fases de la construcción de una noticia: la pretextual, la textual y la supratextual, tal y como ya hemos comentado en la introducción de este libro. Todas las fases del proceso informativo están íntimamente relacionadas, y naturalmente no hay ninguna decisión que se tome en ninguna de ellas que no afecte, de una manera u otra, a todas las demás. Queremos decir que decisiones tomadas por cargos directivos del medio afectarán a la tarea concreta de cada periodista en particular, lo cual impedirá que pueda tomar según qué iniciativas sin la aceptación explícita de la dirección del medio. Aun así, hemos querido clasificar las recomendaciones generales según las diferentes fases para hacer más entendibles las propuestas.

Fase pretextual

Es la que afecta a la política informativa del medio. La introducción de las buenas prácticas depende en esta fase de la voluntad de las empresas periodísticas que actúan en un contexto sociopolítico. Cada periodista debería tener en cuenta las siguientes recomendaciones.

- Poner el punto de mira en los otros escenarios de la sociedad civil que no sean propiamente instituciones oficiales, donde las mujeres tengan un papel preponderante como dinamizadoras sociales, como voluntarias y protagonistas de iniciativas innovadoras.
- Valorar paritariamente la cobertura de los acontecimientos, sin subordinar los asuntos protagonizados por hombres, o viceversa.
- Si bien el fenómeno de la tematización, es decir, los temas tipificados que aparecen de manera regular, tiene una parte

positiva porque contribuye a crear un debate público, hay que reflexionar sobre sus consecuencias porque pueden generar la simplificación de los significados, la fijación de modelos y la perpetuación de clichés.

- Tener en cuenta que la audiencia está formada por mujeres y por hombres, y que se ha de intentar satisfacer las necesidades informativas de los dos géneros y la pluralidad de intereses que representan, y no las de un supuesto ser humano neutro que no tiene existencia real.

- Considerar que los grandes cambios experimentados por las mujeres en las sociedades democráticas deben de tener su correlación en los medios de comunicación, ofreciendo la diversidad de roles que las mujeres desarrollan actualmente.

- Diversificar las fuentes para dar voz a las personas afectadas y evitar la costumbre de utilizar como interlocutores a los jefes jerárquicos de las instituciones, que aportan los datos en lugar de buscar a las personas que conocen a fondo las cuestiones.

- Propiciar que las informaciones incorporen la perspectiva de género, teniendo en cuenta que esto puede ampliar la tarea de interpretación y análisis de la sociedad y evitar la exclusión del colectivo femenino.

Fase textual

En esta fase, cada periodista tiene una responsabilidad mayor. Los patrones culturales, según los cuales el género está rígidamente estereotipado, pueden deslizarse en la redacción de los textos y de los titulares, en la selección de las imágenes y las metáforas y en la manera de abordar la información en general.

- Evitar el genérico masculino para denominar a colectivos mixtos, con la finalidad de hacer más visibles a las mujeres dentro de las noticias. Esta práctica contribuye a dar una información más cuidada y evita que la presencia de las mujeres en los acontecimientos quede camuflada.

- Procurar aportar una dimensión más abierta y completa de los diferentes roles que cualquier persona desarrolla en la sociedad actual y utilizar los mismos criterios de valoración para los hombres y para las mujeres que ejercen cualquier carrera profesional, ya sea de elite o no.

- Dar un tratamiento paritario a los hombres y a las mujeres. En caso de duda, preguntarse si se ofrecería la información de la misma manera si el personaje fuese del otro sexo.
- Rechazar los estereotipos de manera que las historias que se explican hagan referencia a personas, no a clichés trasnochados que proponen una interpretación sesgada, y evitar los que tipifican a las mujeres como víctimas, objetos de investigación, usuarias de la sanidad, consumidoras y otros papeles tradicionales.
- Utilizar la adjetivación con la finalidad de aportar nuevos rasgos informativos a la noticia y en un sentido sensacionalista, evitando alusiones despectivas y groseras o demasiado elogiosas que no aporten nuevos contenidos informativos. Es necesario aplicar los mismos criterios en la descripción del aspecto físico, la indumentaria o las aficiones extraprofesionales, tanto para los hombres como para las mujeres.
- Identificar correctamente a las personas por su nombre y apellidos, cargo y/o profesión, obviando los marcadores de sexo, es decir, sin añadir palabras como «mujer» o «señora» al cargo o actividad a que se hace referencia.
- Evitar las referencias de parentesco (esposa, viuda, hija, amante, amiga, etc.), siempre y cuando no sea un dato relevante para entender la información.
- Tener en cuenta que el modelo de audiencia actual —excepto algunas excepciones— (hombre adulto, de formación media y acomodado) difumina otros segmentos de población que podrían ser agrupados por sexo y género, edad, intereses sociales y culturales, etc.

Fase supratextual

Fase subsidiaria de la pretextual porque ambas obedecen a una misma jerarquía. Esta fase depende de la voluntad de quien tiene la potestad de organizar los contenidos, jerarquizar las informaciones, en definitiva, otorgarles sentido al relacionarlos entre sí.

- No subordinar las informaciones protagonizadas por mujeres a la disposición del espacio ni a la colocación en la página (el orden y la duración en el caso de los audiovisuales).
- Buscar la coherencia entre la información y la imagen que la acompaña, evitando el uso de ilustraciones que no aporten nuevos datos o que desvíen la atención del tema tratado.
- Respetar a los personajes que aparezcan y evitar la utilización gratuita y deliberada del cuerpo de las mujeres como reclamo informativo.
- Reflexionar sobre la importancia y la repercusión que un tratamiento determinado puede tener en la promoción o freno de cualquier práctica llevada a cabo por mujeres. La imagen social que se da y la escasa valoración de sus actividades pueden repercutir en el nivel de dedicación, también en el grado de autoestima y en la formación de futuras generaciones.
- Propiciar estudios de audiencia cualitativos que permitan conocer las preferencias, actitudes e intereses de los diferentes segmentos de la población para evaluar el impacto.

Propuestas prácticas de aplicación

Invisibilidad genérica

Nuestra tradición grecolatina y el poso cultural consideran que el hombre representa a toda la humanidad. Sabemos que este uso es difícil de eludir, pero hay una especial sensibilidad para poder incorporar en el lenguaje otras soluciones que hagan visibles a las mujeres. La propia Unión Europea admite en el Tratado de Amsterdam que «la igualdad entre hombres y mujeres es una cuestión de democracia y de derechos fundamentales», y hace un esfuerzo por definir un concepto que para este estudio resulta de gran interés. Se trata de las barreras invisibles: «Actitudes resultantes de las expectativas, normas y valores tradicionales que impiden la capacitación (de la mujer) para los procesos de toma de decisiones/para su plena participación en la sociedad» y que, cuando se habla de lenguaje, podemos identificar en los genéricos masculinos.

Ya hemos podido ver con bastante claridad en un extenso apartado de este libro las consecuencias de los genéricos masculinos, por eso recomendamos evitarlos o bien tender a la equivalencia de los genéricos o a la alternancia, ya que hay muchas formas sustitutivas que no comportan la sistemática ocultación de las mujeres.

El uso de algunos genéricos puede producir errores de interpretación, si se toma por cierta la identificación del hombre con la humanidad:

«Los hombres catalanes sufren menos infartos al bajar el tabaquismo, el colesterol y la tensión» (*La Vanguardia*, 16/3/2000) El titular prevé una comparación inevitable. Al decir específicamente «catalanes», podría pensarse que compara la población catalana con la del resto del Estado español, pero al leer la información se comprueba que se compara a varones y a mujeres. El titular debería ser: «Los varones catalanes...»

Conviene utilizar siempre que se pueda nombres colectivos en vez de un genérico masculino y dar un paso adelante en la utilización de abstractos:

el hombre >> *la humanidad, las personas, el ser humano*
el cuerpo del hombre >> *el cuerpo humano*
la evolución del hombre >> *la evolución humana*
el hombre urbano >> *la población urbana*
los niños, los jóvenes, los ancianos >> *la infancia, la juventud, las personas mayores*
los alumnos y los profesores >> *el alumnado y el profesorado*
los maestros, padres y alumnos >> *la comunidad escolar*
los médicos y las enfermeras >> *el personal médico y sanitario*
los electores >> *el electorado*
los madrileños >> *el pueblo madrileño, la población madrileña o de Madrid*
los españoles >> *la ciudadanía del Estado español*
los parados >> *la población en paro*
los trabajadores >> *el personal, la plantilla*
los ciudadanos >> *la ciudadanía*
candidatos >> *candidatura*
director >> *dirección*

jefe >> *jefatura*
secretario y secretaria >> *secretaría*
redactores/as >> *redacción, equipo de redacción*
notario >> *notaría*
tutor/a >> *tutoría*
distribuidor >> *distribución/distribuciones*
psicólogos >> *gabinete de psicología*
nacido/a >> *natural de*
pocos/muchos >> *minoría/mayoría*

Y también: agrupación, asamblea, autoridades, colectivo, colectividad, colegio (profesional), conjunto de, comunidad, consejo, cuerpo (profesional), efectivo, equipo, gente, gerencia, grupo, infancia, juventud, población, profesión, público, vecindario, etc.

Para practicar se puede reescribir el texto del reportaje «Nos vamos de casa» publicado en el suplemento de *El Periódico ByN Ella*, 4/11/2000. Desde la primera frase: «Según los expertos en psicología», todo el texto habla de «los profesionales», «los clientes», «los operarios», etc. Seguro que resulta un buen ejercicio...

Debemos tener siempre en cuenta la idea de que no existe nada en las reglas gramaticales que se oponga a la formación de nombres colectivos. Así, si existen palabras como alumnado, profesorado, etc. también se pueden crear otras como funcionariado.

«Los médicos solicitan la prohibición del pugilismo infantil» (*El País*, 18/11/1998)
El personal médico solicita la prohibición del pugilismo infantil

«Un tercio de los catalanes tiene una renta superior a 1,6 millones de pesetas (*El País*, 11/1/1998)
La renta per cápita en Cataluña, o (de la población catalana) es superior a 1,6 millones de pesetas

«Chiaki Mukai será la 25ª mujer que vuela y el primer ciudadano japonés que lo hace dos veces»
Chiaki Mukai será la 25ª mujer que vuela y la primera persona de nacionalidad japonesa que lo hace dos veces

«Ricos y extravagantes» (*La Vanguardia*, 30/11/1998)
Gente rica y extravagante

«Ciudadanos» (epígrafe de *La Vanguardia*)
Ciudadanía (sobre todo con el siguiente título: «CIUDADANOS:
Día internacional de la Mujer», 8/3/2000)

«Niños» (epígrafe del suplemento *ByN Ella de El Periódico de Catalunya*)
Infancia

«Todo para ellos» (*ByN Ella de El Periódico de Catalunya*, 4/11/2000)
Todo para la infancia/Todo para niños y niñas

«Triste comienzo de los españoles» (*La Vanguardia*, 30/11/1998)
Triste comienzo para España

«Los editores catalanes compran mucho y venden poco en Frankfurt» (*Avui*, 10/10/1998)
Las editoriales catalanas compran mucho y venden poco en Frankfurt

«Un día de todos» (*El Periódico de Catalunya*, 8/3/2000)
Un día de todos y todas o Un día de todas las personas

«La oposición votará contra la reforma si niega derechos políticos a los inmigrantes irregulares» (*El País*, 20/11/2000)
La oposición votará contra la reforma si niega derechos políticos a la inmigración irregular

«La violencia y las amenazas cercan a los periodistas en Euskadi» (*El País*, 19/11/2000)
La violencia y las amenazas cercan la profesión periodística en Euskadi

Otras formas de evitar algunos genéricos nos los proporciona el uso de quien, la persona que, las personas que..:

el lector >> *quien lee, la persona que lee*
los demandantes >> *quienes presentan la demanda*
el firmante >> *la persona que firma, quien firma*
los denunciantes >> *las personas que denuncian, quienes denuncian*
el interesado >> *la persona interesada, a quien interesa*
el que sepa leer >> *quien/la persona que sepa leer*
aquellos que dispongan de tarjeta de residencia>> *quienes dispongan de tarjeta de residencia*

Muchas veces también es muy útil referirnos a un conjunto de personas usando indefinidos como *cualquiera, nadie, cada,* etc., o auxiliares verbales como *hay, debe.*

Hay quien propone utilizar el artículo masculino y el artículo femenino a la vez delante de los sustantivos plurales que hagan referencia a hombres y a mujeres al mismo tiempo (las y los periodistas).

Otro recurso puede ser cambiar el verbo de la tercera a la segunda persona del singular (*tú-usted*) o a la primera del plural sin mencionar al sujeto. Para dar un tono más impersonal se puede poner el verbo en tercera persona de singular precedida del pronombre «se»: *se recomienda, se prevee, se aconseja.*

Otra cosa que hay que tener en cuenta al optar por poner a la vez el masculino y el femenino, al no encontrar una solución más factible, es la tendencia de poner sistemáticamente primero el masculino, estableciéndose de nuevo una relación jerárquica. Se soluciona alternando los dos géneros.

Equivalencia del genérico femenino

De la misma forma que los genéricos masculinos tradicionalmente representan a la humanidad, aunque últimamente no todas las mujeres se sientan incluidas, no hay ninguna razón objetiva para que el uso del genérico femenino no pueda representar también a la humanidad que incluye a los hombres. Las únicas reticencias a superar son las ideológicas y las culturales, ya que ni lingüísticamente ni gramaticalmente hay argumentos que puedan justificar la no inclusión de los hombres en el genérico femenino. Utilizando la misma tesis, cuando decimos «los parados» están incluidos los hombres y las mujeres, ¿por qué, pues, cuando usamos «las paradas» ellos no pueden sentirse representados?

Una opción es elegir el genérico masculino o el femenino en función de la presencia mayoritaria de personas de un sexo o de otro en colectivos mixtos, como, por ejemplo: «los mineros en huelga» o «las maestras presentan sus reivindicaciones a Enseñanza», considerando que el colectivo de hombres mineros es superior al de mujeres mineras y el de mujeres maestras es superior al de los hombres maestros.

Otra posibilidad es la de alternar el uso de los genéricos femeninos y masculinos hasta conseguir que tanto el uno como el otro representen a todo el grupo humano.

Concordancias gramaticales

La normativa gramatical obliga a realizar las concordancias en masculino y plural, pero pueden buscarse fórmulas alternativas, por ejemplo:

«Antonia y Juan son listos» >> *Antonia y Juan tienen una gran inteligencia*

Aparecen problemas de concordancia cuando, por ejemplo uno o varios nombres van seguidos de un único adjetivo; en estos casos se puede hacer concordar el adjetivo con el sustantivo más próximo: «Ranking de libros de autores y autoras consagradas»; «Niñas y niños muy aplicados y estudiosos...». Usando esta fórmula, no se debe caer en la masculinización del texto al sistematizar la colocación del masculino en último lugar, por el contrario, hay que practicar la alternancia.

Otro de los dilemas en cuanto a concordancia se presenta cuando en una oración atributiva el sujeto está constituido por un colectivo y el atributo es un nombre en plural. Aunque en estos casos se prefiere la concordancia en plural, no hay ningún impedimento gramatical para que se realice de otro modo: «La mayoría de los soldados era sevillana».

Por último, en este apartado cabe señalar el error, cada vez más extendido, del leísmo, que consiste en el empleo del pronombre «le» o de «les» como complemento directo, en lugar de «lo» y «los» o «la» y «las» dando lugar a saltos semánticos evidentes y a una sutil ocultación de las mujeres:

«Detenida una banda juvenil que abusaba sexualmente de menores y les robaba» *El País*, 25/6/1998
En el texto se habla de «40 agresiones a 14 niñas», por lo tanto, en el titular habría que haber usado «las robaba»

Femenizar las profesiones, los títulos, cargos y oficios

No tiene que haber ningún problema en feminizar las profesiones, los títulos, las carreras y los oficios. No ha sido problema feminizar las consideradas propias de mujeres: mecanógrafa, secretaria, enfermera... Tampoco no tendría que serlo en aquellas que todavía se consideran patrimonio más masculino: médica, ingeniera, arquitecta, alcaldesa, senadora, embajadora, ministra, jueza, etc. No hay nada en la lengua que se oponga a esta feminización, puesto que incluso la Real Academia Española la ha admitido ya. La resistencia, pues, es más social que lingüística.

Aunque algunas entradas y acepciones no estén registradas en los diccionarios, el uso obligará a incorporarlas. Excepto los nombres y los apelativos terminados en -ista, como periodista, protagonista, profeta, etc., a excepción de modista que tiene su correspondiente masculino modisto.

«Muere apuñalada una mujer soldado israelí en Jericó» (*El País*, 8/11/1998)
Muere apuñalada una militar israelí en Jericó

«Un jefe militar dice que algunas aspirantes a soldado no saben hacer ni 'una flexión'», (*La Vanguardia*, 17/11/2000)

«Trillo destituye al coronel que menosprecio a las mujeres soldado», (*El Periódico de Catalunya*, 18/11/2000)

¿Y por qué no una soldada? Existen muchas palabras polisémicas, ¿por qué no incorporar nuevas acepciones a esta categoría?

Algunos nombres de profesiones

Todas las profesiones acabadas en -ado, -al,- ano, -ante, -ente, -ero, -ico, -iz, -grafo, -o, -or, o sin terminación tienen sus correspondientes femeninos: enfermero-enfermera; director-directora; programador-programadora; operador-operadora; promotor-promotora; senador-senadora; decano-dacana; patrón-patrona; psicólogo-psicóloga; fotógrafo-fotógrafa; secretario-secretataria; dependiente-dependienta; aprendiz-aprendiza; encargado-encargada; abogado-abogada; diputado-diputada; maestro-maestra; ayudante-ayudanta; oficial-oficiala; informático-informática; etc.

En los casos en los que se para el masculino y el femenino se mantiene la misma forma, la distinción se realiza con los artículos: el/la artista, el/la agente, el/la cónyuge, el/la estudiante, el/la suicida...

Recuperar la simetría

Delante de los nombres propios reconocidos popularmente es tradicional el uso del artículo (la Callas, pero nunca hemos oído el Domingo). Ésta es una práctica habitual en el lenguaje coloquial, pero incorrecta en el uso formal y en los medios de comunicación (es preferible abandonar el uso del artículo: María Callas y Plácido Domingo). En el supuesto de usarlo en el lenguaje coloquial es necesario que se haga de manera simétrica, tanto para los nombres masculinos como para los femeninos.

«(...) la actuación de la Kidman» (*Avui*, 5/10/1998)
(...) *la actuación de Nicole Kidman*

También hay que eliminar el uso de señorita para diferenciar el estado civil de una mujer. A pesar de que los diccionarios todavía recogen esta acepción, afortunadamente ya no está tan extendido su uso.

Igualmente, la identificación de las mujeres se ha de hacer utilizando sus propios apellidos suprimiendo el de que implica añadir de inmediato el apellido del hombre al que está vinculada. Nuestra tradición respeta la propia identidad de las mujeres (conservando los dos apellidos, aunque vengan dados por línea paterna, el segundo lo otorga la madre), por lo que no es lógico que el lenguaje mediático no lo haga.

Estilo de cada periodista

Una prescripción inapelable para la escritura periodística determina que la redacción de la información debe incorporar como principal virtud la claridad. Las facultades de la comunicación enseñan que una frase periodística tiene que estar construida de tal manera que no sólo se entienda bien, sino que no pueda entenderse de otra manera.

Con frecuencia el periodismo recurre a metáforas, adjetivaciones, licencias estilísticas y otros recursos con el fin de embellecer un texto. Pero, a veces, algunos condicionantes hacen que esta selección se haga deprisa, es entonces cuando aparece el estereotipo. Eso no quiere decir que se tenga que prescindir de estos recursos, pero se debe estar alerta a los significados y a los estereotipos que llevan incorporados.

No estamos diciendo que se use un lenguaje políticamente correcto, sino todo lo contrario. Hay que potenciar la creatividad y la capacidad expresiva de la lengua, usando la imaginación para encontrar nuevas fórmulas lingüísticas que sean respetuosas con las personas y al mismo tiempo no discriminatorias. Una técnica infalible para comprobar la validez de uso de cualquiera de estos recursos es hacer la prueba de la inversión; es decir, preguntarse si se aplicarían de la misma manera a protagonistas masculinos.

«Nicole Kidman calienta los escenarios», *Avui*, 5/10/1998>> Tom Cruise calienta los escenarios (¿?)

«Mary Pierce tiene su cuerpo más 'carnoso' que antaño...», *El Mundo Deportivo*, 18/1/1996>> Sergi Bruguera tiene su cuerpo más 'macizo' que antaño (¿?)

«La mayor de la Koplowitz, morena y discreta, dedicada en buena parte a la educación de sus hijos...», *La Vanguardia*, 7/6/1998>> El melenudo de la saga, Pío Cabanillas, luciendo su alianza matrimonial afirmó... (¿?)

Adjetivación y otras descripciones

La adjetivación es una buena fuente de controversia entre la profesión periodística, ya que a pesar de que las buenas prácticas aconsejan que se utilice solamente para los géneros intrerpretativos y de opinión, el caso es que los adjetivos se deslizan por todo tipo de textos, a menudo de forma tópica y reiterativa.

Sobre todo cuando se habla de mujeres es fácil caer en una adjetivación ramplona, así como el uso de dichos populares y expresiones anticuadas y rancias que no ayudan precisamente a eliminar tópicos ya superados en las descripciones.

Veamos algunos ejemplos evitables:

> «El fenómeno se explica porque la alcaldesa es una mezcla de belleza, talento, valentía y oportunismo», *La Vanguardia* (1/3/1998)
> «Bella sirena alemana con un cuerpo de modelo», *El Periódico de Catalunya* (28/8/1998)
> «La última muñeca de la gimnasia», *El País* (23/10/1998)
> «La belleza morena», *El Mundo* (7/10/1998)

Metáforas, metonimias y otras

Las figuras retóricas que utilizan una o más palabras en sentido figurado para construir una imagen suelen ser la sal del lenguaje, las que le dan gusto y sabor y las que dan el fundamento de originalidad creativa a la persona que escribe. Pero en la redacción periodística hay que tener en cuenta que estas imágenes no pueden desviar la atención de lo que se quiere decir ni establecer una línea de significación paralela.

Todo esto se percibe claramente en las noticias sobre maltratos o violencia doméstica:

> «El rol del sacrificio», *Diario 16* (26/11/1996)
> «Reincidentes del dolor», *Diario de Mallorca* (6/4/1997)
> «Sufridas españolas», *El Mundo* (18/2/1996)

El hierro y el acero son bastante utilizados como metáforas del carácter que anima a las mujeres que se atreven a competir en territorios tradicionalmente masculinos como los negocios, el deporte o la política, a veces con paradojas que empequeñecen:

«La Barbie de hierro», *La Vanguardia* (1/3/1998)
«Ana-Patricia Botín se alzó sobre sus tacones de hierro», sección de Economía, *El País* (27/9/1998)
«La banquera de acero», *El País semanal* (21/2/1999)
«La nueva dama de acero», sección de Deportes, *La Vanguardia* (5/10/1998)

El parentesco toma relevancia a partir de imágenes estereotipadas como éstas:

«La viuda alegre», *El Periódico de Catalunya* (11/11/1999)
«La viuda negra», *El País* (4/11/1998)
«Una abuela en la mina», *El País* (25/11/1998)

Expresiones, muletillas, títulos de películas y otros recursos fáciles

El uso de algunos recursos lingüísticos, aunque a veces pueda dar viveza y animación al estilo, puede caer en el tópico o bien en la exclusión del colectivo femenino o en su representación simbólica y no real. Es difícil recomendar su eliminación ya que son la demostración de la riqueza de un idioma; pero sí que se puede abogar para adaptarlos a nuestro tiempo y circunstancias.

Conviene tener cuidado en el uso de frases y locuciones como estas:

«Todos los hombres del presidente»
«El sillón del presidente», *El Mundo* (11/19/1998)
«Los niños de la calle», ya que si bien en nuestro país responde, por regla general, a la realidad, su procedencia viene sesgada de antemano, puesto que en Brasil hay tanto niños como niñas en esta situación. Por lo tanto, debe reflexionarse y hacer un esfuerzo por adaptar ciertas expresiones al contexto donde se van a usar.

Otras expresiones de extendido uso como «La madre patria» o «El abogado del diablo» deben evitarse, no por su connotación, sino porque ya están desgastadas por el uso.

«Mujeres de armas tomar» *La Vanguardia*, 8/3/2000

Esta expresión no se ha usado en su acepción estricta, sino como metáfora para hacer referencia a la profesión, un recurso bastante gastado y poco original, teniendo en cuenta la progresiva incorporación de las mujeres en el ejército.

La trampa de la semántica

Hemos podido ver que a excepción de los textos de opinión que, pertenecen a otra dimensión, el lenguaje periodístico debe obviar los nombres y adjetivos con un contenido semántico diferente para los hombres y para las mujeres, e incluso debe apostar por la evolución del contenido de acuerdo con los nuevos tiempos. Fórmulas contrapuestas como:

- hombre público y mujer pública
- un cualquiera y una cualquiera
- un «clásico» y una «clásica»
- un «zorro» y una «zorra»

Deben abandonarse porque huelen a rancio y resultan ofensivas, aún cuando la RAE no ha cambiado su significado.

Por otra parte, existen otros homónimos (sustantivos que, siendo iguales por su forma, tienen distinta significación en masculino y en femenino), con los cuales debe tenerse, también, especial cuidado ya que pueden resultar discriminatorios, o por lo menos pueden sesgar la realidad. Éste es el caso de cabeza, que en masculino se identifica con el padre de familia como principal preceptor, olvidando una realidad cada vez más extendida: la concepción de familia en nuestro país está cambiando a pasos de gigante. Cada vez son más las mujeres que se ocupan de la familia en solitario, sin depender de una figura masculina.

BIBLIOGRAFÍA

AGUADO, G. (1996), «OJD y el control de la difusión de prensa en España», Ariel Comunicación, Barcelona.

ALBA, Y. (1997), «La imagen de la mujer versus las imágenes de las mujeres», *Las mujeres y los medios de comunicación*, Comunidad de Madrid.

ALTÉS, E. (1998) «Violència privada, espectacle públic», a *Capçalera*, revista del Colegio de Periodistas de Catalunya, núm. 87, agosto-septiembre.

ALTÉS, E. et al. (1998), *Women in the media*, European Comission, D.G.V Employment & Associal affairs, Bruselas.

ANTON, E. (1992), «La presencia de la mujer en la prensa de Valladolid», revista *Mujeres en Acción*, núm. 7.

AVOGARDO, M. (1994), «La presencia de las ausencias», *Cuadernos de Comunicación, Tecnología y Sociedad*, núm. 36, Telos Editorial Fundesco, Madrid.

BACA LAGOS, V. (1995), «El análisis de las representaciones sociales de los géneros y los Estudios de la Mujer en España», *Las mujeres y la publicidad*, Instituto de la Mujer, Madrid.

BALAGUER, M. L. (1985), *La mujer y los medios de comunicación*, editorial Arguval, Málaga.

BERGER, P. y LUCKMANN, TH. (1998), *La construcción social de la realidad*, Editorial Herder, Barcelona.

BUENO ABAD, J. et al. (1996), *Estudio longitudinal de la presencia de la mujer en los medios de comunicación de prensa escrita*, Nau llibres, Valencia.

BURGUET, F. (1998), «Construir las noticias», Dèria Editors, Barcelona.

CÁCERRES ZAPATERO, M. D. *et al.* (1993-94), «La Mujer en el discurso político», *Síntesis de Estudios e Investigaciones del Instituto de la Mujer, 1990-1994,* Madrid.

CAFFAREL SERRA, C. (1992), «El ocio y los medios de comunicación de masas», *Revista española de Investigación Social,* Centro de Investigaciones Sociológicas, núm. 57, Madrid.

Comisión Interdepartamental de Promoción de la Mujer (1992), «Indicacions per evitar la discriminació per raó de sexe en el llenguatge administratiu», Generalitat de Catalunya, Barcelona.

Diversas autoras (1991), «Dona i Esport», recopilación de las ponencias de las Jornadas celebradas el nov.-dic. de 1989, Ayuntamiento de Barcelona.

FACTAM (1992), «Plan de actuación para mujeres directivas: los malos estereotipos», *Síntesis de Estudios e Investigaciones del Instituto de la Mujer, 1990-1994,* Madrid.

FAGOAGA, C. (1993), «Género, sexo y élites en los medios informativos», «La flotante identidad sexual. La construcción del género en la vida cotidiana de la juventud», *Documentos,* núm. 6, Dirección General de la Mujer de la Comunidad de Madrid, Madrid.

FISHMAN, M. (1980*) La fabricación de la noticia,* Tres Tiempos, Buenos Aires.

FLANDERS, L., (1997), *Real majority, media minority: the cost of sidelining women in reporting,* Monroe, ME, Common Courage Press.

GALLAGHER, M. (1987), «A Feminist Paradigm for Comunication Research», en Grossbert Dervin, O' Keefe y Wartella, *Rethinking Communication: Paradigm Exemplars,* University Press, Bloomington, Indiana.

GALLEGO, J. y DEL RIO, O. (1993), *El sostre de vidre. Situació sòcioprofessional de les dones periodistes a Catalunya,* Institut Català de la Dona, Barcelona.

GALLEGO, J. et al. (1998), «Radiografia d'una absència», a *Gènere i Informació,* Associació de Dones Periodistes, Ajuntament de Barcelona y Institut Català de la Dona, Barcelona.

GALLEGO, J. (1990), *Mujeres de papel. De !Hola! a Vogue, la prensa femenina en la actualidad,* Icaria, Barcelona.

GANS, H. (1979), *Deciding what's news,* Pantheon Books, New York.

GARCÍA MESSEGUER, A. (1996), *Es sexista la lengua española,* Paidós, Barcelona,

—, (1984), *Lenguaje y discriminación sexual,* editorial Montesinos, Madrid.

GARCÍA-MON, et al. (1992), «Los medios de comunicación escritos en la sociedad española», *Revista de Estudios e Investigaciones Sociológicas*, núm. 57, Análisis sociológicos, económicos y políticos (ASEP).

GARCIA PASCUAL, E. y VIVAS CATALÀ GONZÁLVEZ, A. (1995), *Ideología sexista y lenguaje*, Galàxia d'Edicions, Valencia.

GARMENDIA, M. (1998), *¿Por qué ven televisión las mujeres?, Televisión y vida cotidiana.* Universidad del país Vasco, Bilbao.

GRIJELMO, A. (2000), *La seducción de las palabras*, Grupo Santillana Ediciones. Madrid.

—, (1997), *El estilo del periodista*, Editorial Taurus, Madrid.

IBÁNEZ, M. E. y LACOSTA, M. (1998), «Periodismo deportivo: ¿sólo para ellos?», en *Gènere i Informació*, Associació de Dones Periodistes de Catalunya, Ayuntamiento de Barcelona e Institut Català de la Dona, Barcelona.

INSTITUTO DE LA MUJER (1990), *La mujer en España. Situación social*, Ministerio de Asuntos Sociales, Madrid.

—, (1995), *Nombra*, Ministerio de Trabajo y Asuntos Sociales.

IZQUIERDO, M. J. (1983), *Los, las, les (lis, lus) El sistema sexo/género y la mujer como sujeto de transformación social*, Cuadernos Inacabados, La Sal, Barcelona.

—, (1998), *El malestar en la desigualdad*, Ediciones Cátedra, Universidad de Valencia e Instituto de la Mujer, Madrid.

LAGARDE, M. (1996) *Género y feminismo, Desarrollo humano y democracia*, Cuadernos Inacabados, editorial Horas y HORAS, Madrid.

LAKOFF, R. (1995), *El lenguaje y el lugar de la mujer*, Hacer Editorial, Barcelona.

LÁZARO CARRETER, F. (1997) *El dardo en la palabra*, Galaxia Gutemberg, Círculo de Lectores, Barcelona.

LLEDÓ, E. (1995), *Profesiones en femenino*, Instituto de la Mujer, Madrid.

—, (1992), *El sexisme i l'androcentisme en la llengua: anàlisi i propostes de canvi*, ICE de la Universitat Autònoma de Barcelona.

MARTÍN SERRANO, M. et al. (1995), *Las mujeres y la publicidad. Nosotras y Vosotros según nos ve la televisión*, Serie Estudios, núm. 42 del Instituto de la Mujer, Madrid.

MATTELART, M. (1994), «Women, Media and Power: a Time of Crisis», Media Development, XLI.

MELIN-HIGGUNS, M. y DJERF PIERRE, M. (1998), *Networking in newsroom. Journalist and Gender Cultures*, documento presentado en AIERI, Glasgow.

MESTRES, J. M. et al. (1995), *Manual d'estil. La redacció i l'edició de textos*, Eumo Editorial, Barcelona.

MORALES, J. F. (1992), «Indicadores sobre los estereotipos de género y valores», *Síntesis de estudios e Investigaciones del Instituto de la Mujer 1990-1994*, Madrid.

MORENO, A. (1998), *La mirada informativa*, Bosch. Barcelona.

—, A. (1992), «En torno a la compresión histórica de la cultura de masas (II). Paradigmas para una historia de la comunicación social (no androcéntrica)», revista *Anàlisi i Quaderns de comunicació i cultura*, núm. 14, mes de marzo, Departamento de Periodismo de la Universidad Autónoma de Barcelona.

NICOLSON, P. (1997), *Poder, género y organizaciones. ¿Se valora a la mujer en la empresa?*, Narcea Editorial, Madrid.

ORTEGA, M. et al (1994), *Las mujeres en la opinión pública: X Jornadas de investigación interdisciplinaria sobre la mujer*, Instituto Universitario de Estudios de la Mujer, UAM, Madrid.

PEARSON, J. (ed) (1993), *Comunicación y género*, Paidós, Barcelona.

PÉREZ FRAGA, C. (1996) «Género, sexo y élites en los medios informativos», del volúmen *Jornadas: las mujeres y los medios de comunicación*, Comunidad de Madrid.

PRECIADO, N. (1993), «Mujeres y Prensa», folleto de la Asociación Mujeres Jóvenes, Madrid.

QUINTANA, Y. (1996), «Sociedad, consumidores y medios de comunicación», a *Estudios y Documentación de la Cofederación Española de Organizaciones de Amas de casa, Consumidores y Usuarios (CEACCU)*, Madrid.

RAMONEDA, A. (1999), *Manual de Estilo. Guía práctica para escribir mejor*, Biblioteca Espiral, Alianza Editorial, Madrid.

RODRIGUEZ ZÚÑIGA, et al. (1991), «Las mujeres españolas: lo privado y lo público», *La Imagen de las mujeres en los medios de comunicación*, Centro de Investigaciones Sociológicas, Instituto de la Mujer, IED, Madrid.

ROMANO, V. et al. (1994), *Líneas actuales de investigación en Mujer y Medios de Comunicación*, Informes del Instituto de la Mujer, Madrid.

SECANELLA, P. y FAGOAGA, C. (1983), *Umbral de presencia de las mujeres en la prensa española*, Instituto de la Mujer, Serie Estudios, núm. 1, Madrid.

SHOEMAKER, P. y REESE, D. (1994), *La mediatización del mensaje*, Editorial Diana, México.

TERUEL, E. (1997), *Retòrica, informació i metàfora*, Editorial Aldea Global, Universidad Autónoma de Barcelona, Universidad Jaume I de Castellón y Universidad de Valencia.

TRANCART, M. (1996), *Femmes et Hommes: qui monte à la Une?*, Association des Femme Journalistes, París.

TUCHMAN, G. (1983) *La producción de la noticia. Estudio sobre la construcción de la realidad,* Editorial Gustavo Gili, Barcelona.

—, (1992), «Historical Social Science: Methodologies, Methods and Meanings», en *Strategies of Inquiry* (306-323), EUA.

VAN ZOONEN, L. (1994), *Feminist Media Studies,* Sage Publications, Londres.

VILAGUT, J. (1994), *Presencia y tratamiento de las mujeres en los programas informativos de deportes de Televisión de Catalunya,* Trabajo inédito para el Mestraje de Comunicación y Deporte de la Universidad Autónoma de Barcelona.

VIOLI, P. (1997), «Infinito Singular», del volúmen sobre las jornadas *Las Mujeres y los Medios de Comunicación,* Instituto de la Mujer, Madrid.

VV.AA. (1998) *Lo masculino y lo femenino en el Diccionario de la Lengua de la Real Academia Española,* Instituto de la Mujer del Ministerio de Trabajo y Asuntos Sociales, Madrid.

AGRADECIMIENTOS

Las autoras materiales de este trabajo (por orden alfabético Elvira Altés Rufias, Marta Bach Arús, Joana Gallego Ayala, Marta Plujà Calderon y Montserrat Puig Mollet) queremos agradecer a todas aquellas personas que nos han prestado su inestimable ayuda para que este proyecto sea una realidad. Para empezar, Pilar Remírez de la Encina por las interminables horas dedicadas a la traducción al castellano de este libro. En segundo lugar, a *l'Associació de Dones Periodistes de Catalunya* —a la cual pertenecemos todas las autoras— por animarnos en este proyecto. Evidentemente, al Instituo de la Mujer y la editorial Icaria, y a la Diputació de Barcelona, verdaderos artífices para que este libro viera la luz en castellano y catalán, respectivamente. Al Colegio de Periodistas de Catalunya por habernos resguardado en las numerosas reuniones que hemos llevado a cabo para poner en común nuestras reflexiones. Eulàlia Lledó y Rosa-Victòria Gras, que nos asesoraron sobre algunos temas de lenguaje. Francesc Burguet, que nos ha dado irónicos e útiles consejos sobre el género. María Eugenia Melús, observadora incansable, que nos ha inundado de recortes de periódicos con ejemplos magníficos. Y a los camareros del bar del Colegio de Periodistas, que nos han soportado horas y horas y nos han servido muchos cafés.